JOGOS NA ESCOLA

Dados Internacionais de Catalogação na Publicação (CIP)
(Câmara Brasileira do Livro, SP, Brasil)

Santos, Vilmar Rodrigues dos
  Jogos na escola : os jogos nas aulas como ferramenta pedagógica / Vilmar Rodrigues dos Santos. – Petrópolis, RJ : Vozes, 2014.
  Bibliografia
  ISBN 978-85-326-4895-2
  1. Atividades criativas na sala de aula 2. Jogos educativos – Estudo e ensino (Educação Infantil) 3. Jogos educativos – Estudo e ensino (Ensino Fundamental) 4. Prática de ensino I. Título.

14-09561   CDD-371.397

Índices para catálogo sistemático:
1. Jogos e atividades : Educação   371.397
2. Ludopedagogia : Educação   371.397

Vilmar Rodrigues dos Santos

JOGOS NA ESCOLA

Os jogos nas aulas como ferramenta pedagógica

Petrópolis

© 2014, Editora Vozes Ltda.
Rua Frei Luís, 100
25689 - 900 Petrópolis, RJ
www.vozes.com.br
Brasil

Todos os direitos reservados. Nenhuma parte desta obra poderá ser reproduzida ou transmitida por qualquer forma e/ou quaisquer meios (eletrônico ou mecânico, incluindo fotocópia e gravação) ou arquivada em qualquer sistema ou banco de dados sem permissão escrita da editora.

Diretor editorial
Frei Antônio Moser

Editores
Aline dos Santos Carneiro
José Maria da Silva
Lídio Peretti
Marilac Loraine Oleniki

Secretário executivo
João Batista Kreuch

Editoração: Gleisse Dias dos Reis Chies
Diagramação: Sheilandre Desenv. Gráfico
Capa: HiDesign Estúdio
Ilustrações da capa: Shutterstock

ISBN 978-85-326-4895-2

Editado conforme o novo acordo ortográfico.

Este livro foi composto e impresso pela Editora Vozes Ltda.

Seu Atílio e Dona Maria, meu amor infinito.
Vagnão, Macoy, Tilinho e Ivo, minha admiração.
Minhas cunhadas Lú, Sandra, Rê, Cris, minha gratidão.
Meus sobrinhos queridos, juízo. Paty e Enzo,
hoje em meu coração.

Para meu filho Henrique. Nada melhor para te dar do que uma boa educação. Amo-te muito.

"O jogo é para a criança a coisa mais importante da vida. O jogo é, nas mãos do educador, um excelente meio de formar a criança. Por essas duas razões, todo educador, pai ou mãe, professor, dirigente de movimento educativo, deve não só fazer jogar como utilizar a força educativa do jogo" (Guy Jacquin, 1963).

Sumário

Apresentação, 13

Introdução, 15

Primeira parte: teorizando o jogo, 17

Começando um trabalho, 19

Jogos: conceitos e concepções, 25

Tipos de jogos, 29

Jogos e a escola, 31

Organizando as atividades, 36

Interdisciplinaridade, 36

Sobre os jogos, 41

O grupo, 41

Divisão dos grupos, 41

Os participantes, 42

Os materiais, 42

Objetivos, 43

Local das atividades, 43

Faixa etária dos participantes, 43

Figurinos, 44

Produção do local, 44

Músicas, 44

Tempo das atividades, 45

Premiação, 45

Segunda parte: atividades práticas na escola, 47

Pequenos jogos trabalhando conteúdos matemáticos, 49

1 Jogo dos números, 50

2 Corrida dos números, 50

3 Cordas, 51

4 Quebra-cabeças, 51

5 Quebra-cabeças II, 51

6 Jogo das argolas, 52

7 Jogo com bexigas, 52

8 Par e ímpar, 53

9 Par e ímpar II, 53

10 Formas geométricas, 54

11 Revezamento com bexigas, 54

12 Revezamento com camisetas, 55

13 Tira rabo, 56

14 Derrubando os pinos, 56

15 Brincadeira dos cartões, 57

16 Grupos geométricos, 58

17 Criando formas, 58

18 Enigma com números e letras, 58

19 Jogo da sequência, 59

Pequenos jogos trabalhando conteúdos em Língua Portuguesa, 60

1 Pega palavras, 61

2 Caça-palavras, 61

3 Tiro ao alvo, 62

4 Caça letras, 62

5 Caça letras II, 63

6 Bexigas musicais, 63

7 Histórias com palavras, 64

8 Os opostos, 64

9 Os opostos II, 65

10 Quatro cantos com países, 65

11 Quatro cantos com animais, 66

12 Jogo dos balões, 66

13 Enigma com letras e números, 67

14 Dominó gigante, 68

15 Jogo das palavras, 68

16 Formando as frases, 69

Grandes jogos, 70

1 Detetive, 71

2 Pirâmides e faraós, 73

3 Ampulheta e as areias do tempo, 75

4 Brincadeira de criança, 76

5 Jogos olímpicos, 78

6 O segredo das pedras, 80

7 Roteiros do Brasil, 82

8 As múmias, 84

9 Caos, 86

10 Desafios, 87

11 Vamos às compras, 91

12 O louco das cores, 93

13 Tangram, 94

14 No folclore, 96

15 No folclore II, 98

16 No país das cordas, 99

17 Índios, 100

18 Halloween, 101

19 Cubo mágico, 103

20 Você é bom de memória?, 105

Considerações finais, 109

Referências, 111

Anexos, 115

Apresentação

A oportunidade de oferecer mais um referencial teórico/prático visando uma maior colaboração aos profissionais que atuam no Ensino Básico motivou-me a escrever esta obra.

Jogos na escola – Os jogos nas aulas como ferramenta pedagógica é resultado da pesquisa bibliográfica versando sobre o jogo, seus conceitos, tipologia, além de fazer uma breve discussão a respeito de sua aplicabilidade e interdisciplinaridade.

Como proposta, procura oferecer subsídios para que um trabalho em conjunto possa ser feito agregando várias áreas do conhecimento para um bem maior que é o aprendizado de nossos alunos.

Após o referencial teórico propomos atividades que podem ser realizadas na escola em espaços variados como a quadra, o pátio e até mesmo a sala de aula, contemplando os diversos conteúdos curriculares. A criatividade dos profissionais é importante, pois a partir do que é posto nesta obra, podem ser feitas adaptações de acordo com os objetivos, número de participantes e o espaço físico.

Desfrutem de uma boa leitura e sucesso a todos.

Introdução

A escola é um ambiente privilegiado e repleto de possibilidades no que diz respeito à aprendizagem. Muito se tem dito e escrito sobre a importância dos jogos e das brincadeiras no processo de ensino das crianças. Todos sabem que, quando a criança joga e/ou brinca, ela aprende.

Importante salientar que ela traz de casa um repertório de movimentos corporais e vivências lúdicas que auxiliam em muito sua aprendizagem, e estando a criança na escola pode fazer uso desse repertório lúdico. Maluf (2003) diz que "algumas escolas já estão dando o devido valor ao brincar. Estão levando cada vez mais as brincadeiras, os jogos e os brinquedos para a sala de aula". Mas o que devemos saber sobre jogos e brincadeiras? Evidentemente que são importantes e necessários, inclusive, para o aprendizado da criança; pois, na medida em que é desafiada a resolver um enigma, por exemplo, acaba trabalhando conceitos que serão úteis na aquisição de conhecimento que vão além do próprio jogo.

Reconhecer nas brincadeiras e jogos as inúmeras possibilidades a serem alcançadas no que diz respeito ao aprendizado é algo que vai além da quadra, campo, ruas ou espaços fechados. Jogar e brincar traz subsídios que podem nortear várias áreas do conhecimento. O raciocínio lógico matemático está presente em muitas atividades e/ou jogos que as crianças brincam. "Quando a criança joga, ela opera com o significado de suas ações, o que a faz desenvolver sua vontade..." (COLETIVO DE AUTORES, 1992)

Tentando buscar aqui uma interdisciplinaridade, podemos agregar valor em todas as atividades elaboradas para nossos alunos. Disciplinas como a Matemática, Língua Portuguesa, História, Geografia, entre outras, são perfeitamente adequadas ao trabalharmos com jogos, pois trazem conceitos que são trabalhados durante as atividades propostas. Sendo assim, podemos dizer que qualquer pessoa preparada pode aplicar jogos com alunos, e não necessariamente um recreador ou professor de Educação Física somente. O que precisa ficar claro é a necessidade em saber o passo a passo de cada atividade e a faixa etária/série dos alunos para adequá-las de maneira correta.

A partir daí podemos pensar em oferecer algo melhor, trabalhar para um sucesso escolar dos participantes e procurar combater o fracasso escolar que vez ou outra é colocado como responsabilidade do educador somente.

PRIMEIRA PARTE

Teorizando o jogo

COMEÇANDO UM TRABALHO

Como professor atuante na educação básica da rede pública de ensino, observo o quanto a desmotivação reina entre nossos alunos. Momentos em que o estudo é levado mesmo a sério são raros; praticamente tudo o que está fora da sala de aula é mais interessante, e não é surpresa vê-los o tempo todo com aparelhos celulares, mp3, entre outros, ouvindo músicas, trocando mensagens ou simplesmente "vegetando" pelos espaços da escola.

Quem são nossos alunos? Percebemos que são bem diferentes de algum tempo atrás. Sua motivação não é a mesma, interesses são diversos. Não adianta falarmos de novos métodos, de professores motivados se não conseguirmos alunos que queiram aprender. Grande parte desses alunos vê a escola como extensão de suas casas. Faltam limites a muitos deles, e não é raro vermos alunos que não respeitam as regras da instituição, desrespeitam os profissionais da educação e funcionários, além de não respeitarem os próprios colegas.

Claro que discutir aqui os fatores que levam a esse tipo de ocorrência levaria um tempo demasiado grande. O fato é que, apesar da violência fora da escola, famílias sem estrutura e pobreza, entre outros fatores, devemos deixar claro que os alunos têm sua cota de responsabilidade no sucesso de um trabalho bem-organizado na escola. A família não pode simplesmente achar que a instituição escolar deva arcar sozinha com a responsabilidade da educação de seus filhos.

Acredito que educação começa em casa e a escola deve educar sim, como complemento daquilo que o aluno deve trazer do lar.

Enquanto estão em férias, ficam ávidos para voltar às aulas. Afinal de contas, são momentos onde todos se encontram, conversam, paqueram, e não raro atormentam os colegas e até mesmo seus professores. Mas a partir do momento que estão na escola me pergunto: O que pode ser feito para que eles possam realmente absorver algo interessante na escola?

Esse fenômeno acontece com mais frequência nas séries do Ensino Fundamental II e no Ensino Médio. Nas aulas de Educação Física é comum ver os alunos querendo participar das aulas usando calças *jeans*, descalços ou com sandálias, além de outras roupas inadequadas. Talvez não percebam e não vejam a necessidade em ter que usar uma roupa adequada para a prática de atividades físicas regulares. O fato de ter que trocar de roupa os desanima para as aulas.

Na sala de aula os conteúdos apresentados nem sempre despertam ou realçam o desejo de estar ali para realmente aprender (para um grande número de alunos infelizmente). O que parece motivar esses alunos é realmente a conversa e até mesmo a bagunça. As avaliações não são levadas a sério, atividades não são entregues (sejam em sala ou externas).

Assim vamos levando nossos conteúdos, cada disciplina em seu lugar. O que fazer então?

Já é sabido que trabalhos quando realizados em conjunto podem trazer resultados positivos. Talvez, com um empenho maior por parte dos envolvidos no processo, possamos trazer uma motivação maior em nossos alunos. O professor tem papel importante nisso. Se os alunos gostam do "espaço escola", desse espaço físico que proporciona às vezes momentos onde se sentem livres, já que nas ruas próximas às suas casas, seu quintal (quando o tem) não oferecem mais essa liberdade e até mesmo segurança para se divertir, brincar, jogar etc.

O uso de jogos e brincadeiras na escola pode facilitar o trabalho do profissional de educação, despertando o interesse da criança ou adolescente pelas atividades propostas.

Podemos orientar um trabalho de maneira tal que os alunos possam utilizar esse espaço para algo que vai além dos momentos sem nada a fazer. Independente da faixa etária, sexo ou raça, os alunos adoram jogar, brincar e o fazem de maneira espontânea. Por que não canalizar toda essa vontade para algo maior? Nas aulas de Educação Física, mais que passar conceitos de modalidades esportivas, regras, torneios e alongamentos, temos nas atividades lúdicas com jogos mais uma possibilidade para organizar os conteúdos e contemplar objetivos que extrapolam o que está posto.

A partir disso vamos refletir sobre o engajamento de outros professores/profissionais das áreas do conhecimento, organizando-se de maneira que as atividades possam contemplar uma gama maior de conhecimentos. Quando jogamos futebol, por exemplo, trabalhamos muito mais que ganhar e perder. Pensamos nas estratégias a serem utilizadas para o sucesso do jogo. Numa brincadeira como pular corda, conceitos matemáticos, como simplesmente contar, estão presentes.

Mais que organizar atividades lúdicas e jogos com o intuito de tratar de conceitos, precisamos oferecer algo a mais para que nossos alunos tenham um interesse maior em participar dos diferentes grupos que podem ser criados durante as atividades. Trabalhar a organização, cooperação, o prazer em jogar, brincar sem receios. Vivemos num mundo diferente daquele que tínhamos antes; as brincadeiras, os jogos que praticávamos, muitos deles já não existem mais, e os interesses de nossas crianças e jovens não são mais os mesmos. A própria escola mudou bastante.

No que tange à família, sabemos que ela também mudou bastante e, por isso, fica difícil traçar um paralelo e querer que as coisas sejam as mesmas. Mas voltando à questão da escola e ao jogo: quando pensamos nas nossas crianças e jovens de hoje temos ciência de que mudaram bastante. Conhecer as características das faixas etárias se faz importante. À medida que crescem elas vão deixando de lado o aspecto lúdico das atividades realizadas, passando a preferir atividades competitivas.

Como a escola é um espaço de convivência, muitos de nossos alunos a enxergam como um local onde se encontram. Os meninos estão interessados em impressionar as meninas e vice-versa. As músicas e os ritmos com gestos e movimentos sensuais estão presentes no cotidiano dos jovens que estão na escola.

Nas aulas propriamente ditas a maioria dos conteúdos é transmitida de forma fracionada, sem o apoio de outras disciplinas. O trabalho feito com a participação de outros profissionais do conhecimento seria de bom grado para vislumbrar algo diferente para os alunos, para estimulá-los. O trabalho em conjunto não é tão simples como parece, mas pode ser feito com sucesso se os envolvidos estiverem dispostos a participar de maneira séria (mesmo em se tratando de jogos e brincadeiras).

A seriedade deve começar já no planejamento das atividades, nos objetivos a serem alcançados pelos envolvidos. Nem todos dão o devido valor à utilização das atividades lúdicas como os jogos e as brincadeiras, mostrando-se até mesmo céticos quanto a seu real objetivo.

À medida que esse receio diminui, podemos dizer que a confiança aumenta e a possibilidade em realizar um trabalho em coautoria é maior. Na escola os alunos têm diversas disciplinas como Língua Portuguesa, Matemática, Geografia, História e Inglês. Tomando-se por base a disciplina de Educação Física onde a realização dos jogos é facilitada, podemos aliar os objetivos e conteúdos de diversas áreas do conhecimento.

Tendo um grupo de profissionais comprometidos e alunos interessados com vontade de aprender, desenvolveremos um trabalho muito melhor, com expectativas das mais promissoras.

Tomemos como exemplo o jogo "Caça às múmias". Ao jogarmos, estamos nos envolvendo com a história egípcia, e na disciplina de História podem ser contemplados os aspectos relacionados às pirâmides e aos faraós. Além disso, já estamos contemplando o trabalho em grupo, estratégia e o raciocínio lógico para a resolução de enigmas que possam estar inseridos no jogo, entre outros objetivos. Os participantes realizam as atividades de maneira espontânea, lúdica ao mesmo tempo em que estão aprendendo.

Acredito que seja um recurso interessante, já que pode ser utilizado para estimular a participação de todos. Sua utilização também não precisa ser de forma contínua, correndo o risco de tornar-se maçante. Contar histórias pode também auxiliar no trabalho dos grupos para se chegar aos objetivos propostos.

Fazer uso do jogo durante as aulas regulares pode ser um recurso "inovador" para os alunos. Os profissionais que atuam devem ter claros os objetivos a serem atingidos, para não perder o rumo das atividades. Muitos ainda não estão dispostos a trabalhar desta forma, talvez por entender que isso não seja interessante, ou por pensarem que dessa forma os alunos possam se dispersar mais ainda, ou mesmo dando um valor menor ao jogo e ao lúdico.

Jogos: CONCEITOS E CONCEPÇÕES

Quando criança, jogávamos e brincávamos de maneira diferente de hoje em dia. Jogos eletrônicos, internet e celulares fazem a alegria das crianças e adolescentes atualmente. Na escola fazem uso desses aparelhos durante as aulas, nos intervalos e aulas vagas. Quando estão em grupos, gostam de jogar.

Para que serve o jogo na escola? Apenas um momento onde se possa liberar e extravasar sentimentos, sair da rotina de sala onde os exercícios são pesados? Este momento pode e deve ser visto por outra ótica.

Jogo, jogar. Muitas são as concepções do que é o jogo e de como ele deve ser praticado. Muitos também são os autores que vislumbram os conceitos para determinar, explicar o que é um jogo.

Adoramos brincar, jogar e nada mais gostoso do que participar de uma atividade onde podemos extravasar toda nossa energia. Com as crianças isso também acontece. Um problema apenas: Onde estão os espaços para que isso possa acontecer nos dias de hoje? À medida que o tempo passa, os espaços públicos de lazer estão diminuindo, e nossas crianças ficam cada vez mais presas aos lares, com espaços reduzidos. Os condomínios podem oferecer diversas opções como parques e quadras poliesportivas, mas que ficam restritas apenas aos moradores.

"O brincar proporciona a aquisição de novos conhecimentos, desenvolve habilidades de forma natural e agradável" (MALUF, 2003, p. 9).

Outro aspecto importante a se ressaltar é a tecnologia que nos bombardeia com novidades e mais novidades. Como competir com jogos eletrônicos cada vez mais próximos da realidade, com celulares de múltiplas funções e a internet com seu acesso popularizado? "A oferta de brinquedos eletrônicos e os atraentes jogos e brinquedos à disposição no mercado desmerecem o artesanato, colocando no lugar da satisfação de criar o gosto pelo consumo exacerbado, trocando-se os valores entre o ter e o fazer" (LOPES, 2001, p. 37). Já não jogamos como antigamente, e a escola aparece como mais uma opção de espaço para se praticar atividades onde a brincadeira e o jogo são o principal foco.

A partir de uma concepção de que a escola é um lugar privilegiado para novas descobertas, conhecimentos e atitudes, podemos dizer que propostas onde os jogos estão incluídos podem atingir a objetivos diversos. E não estamos falando aqui de utilizar os jogos apenas nas aulas de Educação Física; as diversas áreas do conhecimento podem se beneficiar disso.

Sobre o jogo, Roger Caillois (apud CAMARGO, 2001, p. 34) fala de quatro categorias no lúdico que nos motivam a buscar a diversão: a aventura, a competição, a vertigem e a fantasia.

Para Barbanti (2003, p. 358), "jogo é uma forma de competição prazerosa cujo resultado é determinado por habilidades motoras, estratégicas ou chances, empregadas isoladamente ou em combinação". Mello (1989, p. 86) diz que jogo é a "atividade ou ocupação voluntária, onde o real e a fantasia se encontram, que possui características competitivas".

Kishimoto (1993) destaca que, na multiplicidade de fenômenos que são os jogos, o jogo tradicional é uma das modalidades. "Não se conhece a origem desses jogos. Seus criadores são anônimos" (KISHIMOTO, 1993, p. 15).

A mesma autora ainda afirma que não é fácil tentar definir o jogo. "Quando se diz a palavra 'jogo' cada um pode entendê-la de modo diferente" (KISHIMOTO, 1994).

"O jogo busca sempre um vencedor. Tem começo, meio e fim. Sempre existe pelo menos uma ou mais regras. Sempre tem um final previsto, ou seja, as modificações são possíveis, mas deve ser reiniciado" (LARIZZATTI, 2005, p. 27).

"Existe confusão a respeito dos termos: brinquedo, brincadeira, jogo e esporte. Brincadeira, brinquedo e jogo significam a mesma coisa, exceto que o jogo implica a existência de regras e de perdedores e ganhadores [...]" (FREIRE, 1994, p. 116).

"O jogo satisfaz necessidades das crianças, especialmente a necessidade de ação. Quando a criança joga, ela opera com o significado das suas ações, o que a faz desenvolver sua vontade..." (COLETIVO DE AUTORES, 1992, p. 66). Para Junior e et al. (2008, p. 13) "os jogos e os esportes devem contribuir para a construção de valores morais e éticos".

Johan Huizinga, sociólogo holandês, diz que "o jogo é o fato mais antigo que a cultura, pois esta, mesmo em suas definições menos rigorosas, pressupõe a sociedade humana" (HUIZINGA, 1996, p. 3).

Ainda trata o jogo como "uma atividade ou ocupação voluntária, exercida dentro de certos e determinados limites de tempo e de espaço, segundo regras livremente consentidas, mas absolutamente obrigatórias, dotado de um fim em si mesmo, acompanhado de um sentido de tensão e de alegria e de uma consciência de ser diferente da vida cotidiana" (HUIZINGA, 1996, p. 33).

Caillois (1990) afirma que os jogos são em número variado e de múltiplos tipos como os jogos de sociedade, de destreza, de azar, jogos de ar livre etc. Traçar uma definição para jogo é difícil, e podemos dizer que não há uma definição fechada sobre o assunto. Caillois (1990) define essencialmente o jogo como uma atividade:

- Livre: uma vez que, se o jogador a ele obrigado, o jogo perderia de imediato a sua natureza de diversão atraente e alegre.

- Delimitada: circunscrita a limites de espaço e de tempo, rigorosa e previamente estabelecidos.

- Incerta: já que seu desenrolar não pode ser determinado nem o resultado obtido previamente, e já que é obrigatoriamente deixada à iniciativa do jogador certa liberdade na necessidade de inventar.

- Improdutiva: porque não gera bens, nem riqueza nem elementos novos de espécie alguma.

- Regulamentada: sujeita a convenções que suspendem as leis normais e que instauram momentaneamente uma legislação nova, a única que conta.

- Fictícia: acompanhada de uma consciência específica de outra realidade, ou de franca irrealidade em relação à vida normal.

Tipos de jogos

Existe uma infinidade de brincadeiras e atividades que podem ser realizadas, e passamos agora a tratar da tipologia dos jogos. Segundo Macedo, Petty e Passos (2005, p. 15) "temos o hábito de classificar os jogos e as brincadeiras, seja por seus conteúdos, preferências ou estruturas".

Cavallari e Zacharias (2003, p. 61) traçam diferenças entre pequeno jogo e grande jogo.

- Pequeno jogo: nos pequenos jogos as regras são cobradas de forma mais flexível, são mais simples e em menor quantidade.

- Grande jogo: nos grandes jogos todas as regras são cobradas de forma totalmente rígida, são mais complexas e em maior quantidade.

Especificamente tratando-se de um grande jogo, sabemos que ele demanda um espaço maior para a sua realização. O número de participantes geralmente é maior. Acreditamos que, a partir dessa concepção, possamos atender de maneira adequada nossos alunos.

Roger Caillois (1990, p. 31) comenta que a extensão e variedade de jogos provocam um desespero na procura de um princípio de classificação, que permita reparti-los em um pequeno número de categorias definidas. Ele mesmo cita categorias que considera fundamentais. Resumimos aqui essas categorias:

- Agon: grupo de jogos que aparece em forma de competição.

- Alea: designa jogos onde a decisão não depende do jogador. É uma clara oposição ao Agon.
- Mimicry: o jogo pode consistir não na realização de uma atividade, mas na encarnação de um personagem ilusório e na adoção do respectivo comportamento.
- Ilinx: tipo de jogo que associa a busca de vertigem. Trata-se de atingir um espasmo que desvanece a realidade.

Abaixo, um quadro simplificado que nos mostra de forma mais clara essa classificação proposta por Caillois.

AGON (competição)		ALEA (sorte)	MIMICRY (simulacro)	ILINX (vertigem)
Corridas		Lenga-lengas	Imitações infantis	Piruetas infantis
Lutas		Cara ou coroa		
Atletismo			Ilusionismo	Carrossel
			Bonecas	Balouço
			Brinquedos	Valsa
			Máscaras disfarce	
Boxe	Bilhar	Apostas		Atrações de feiras
Esgrima	Damas	Roleta		
Futebol	Xadrez			
			Teatro	
Competições desportivas em geral		Loterias simples, compostas ou transferidas.	Artes do espetáculo em geral	Ski
				Alpinismo
				Acrobacias

Adaptado de: CAILLOIS, R. *Os jogos e os homens*, 1990, p. 57.

Para Crepaldi (2010, p. 38) "é comum na sociedade humana organizarmos, compararmos, agruparmos e classificarmos conhecimento, tempo, espaço, objetos, materiais, espécies [...]". A mesma autora ainda diz que no caso dos jogos o mesmo acontece, principalmente se são utilizados como ferramenta na educação.

Sem nos aprofundar demais na questão referente aos tipos de jogos, podemos ainda citar que estudiosos como Wallon, Froebel, Kishimoto, Bruner, Piaget e outros falam da sua importância. Abaixo citamos alguns tipos:

• Jogos de construção;

• Jogos recreativos;

• Jogos de cooperação;

• Jogos de regras;

• Jogos esportivos;

• Jogos tradicionais;

• Jogos de memória;

• Jogos de faz de conta/simbólicos.

Especificamente aqui trataremos dos pequenos e grandes jogos que podem ser trabalhados na escola.

JOGOS E A ESCOLA

Temos a preocupação de organizar os conteúdos programáticos para verificar os que os alunos aprendem e as possibilidades de novos aprendizados. Muitas vezes os resultados não são os esperados, e a discussão pode girar em torno da metodologia utilizada. Na utilização de jogos nas aulas, mais que fazer uma criança/adolescente participar de uma atividade, despertamos nela algo que ela nem sempre acredita: ser criativa.

Pensando numa sociedade onde praticamente tudo está pronto, onde nossos jovens e crianças passam grande parte de seu tempo à frente de uma TV ou de um computador. Onde está a criatividade? Praticamente não sobra tempo para isso, e com isso perdem oportunidades para conhecer novas possibilidades de aprendizado.

Ao propor atividades onde os jogos podem ser trabalhados concomitantemente com várias áreas do conhecimento, temos em mente a ideia de que é possível fazer com que a criança e o adolescente possam adquirir novos conhecimentos a partir de atividades diversificadas.

Segundo Maluf (2003, p. 33):

"Não é possível conceber a escola apenas como mediadora de conhecimentos, e sim como um lugar de construção coletiva do saber organizado, no qual professores e alunos, a partir de suas experiências, possam criar, ousar, buscar alternativas para suas práticas, ir além do que está proposto, inovar".

"O jogo para a criança é o exercício, é a preparação para a vida adulta. A criança aprende brincando, é o exercício que a faz desenvolver suas potencialidades" (LOPES, 2001, p. 35).

"As atividades lúdicas podem contribuir significativamente para o processo de construção do conhecimento da criança" (SANTOS, 1998, p. 49). O mesmo autor ainda nos diz que vários estudos mostram que o jogo é uma fonte prazerosa e de descoberta para a criança.

A forma como os conteúdos escolares têm sido ensinados não contribui para que a criança se aproprie do conhecimento de modo crítico. Os jogos podem contribuir e muito para o processo educacional da criança (SANTOS, 1998, p. 58).

Apesar de parecer algo simples de se organizar, percebemos que na prática não é bem isso que acontece. A atividade lúdica, se não for bem-entendida, pode passar a ideia de algo simplório, sem sentido algum. Sendo assim, percebemos o quão importantes são os jogos no aprendizado dos alunos. Enriquecer as possibilidades de aprender da criança por si só já justificariam a utilização desses recursos.

Precisamos ousar um pouco mais no que diz respeito ao aprendizado de nossos alunos. Investir é fundamental para que possamos organizar melhor as ideias favorecendo esse conhecimento, abrindo novas fronteiras.

João Batista Freire aborda esta questão do uso do jogo na escola de forma bem esclarecedora:

Não é só a escola que se assusta com a atividade lúdica dos alunos, os pais também se descontrolam muitas vezes diante da compulsão por brincar de seus filhos. Portanto, não esperemos que a escola, em sua estrutura atual, contemple com boa vontade a ideia de acolher o jogo, ou como conteúdo de ensino, ou como recurso pedagógico educacional (FREIRE, 2006, p. 77).

Ainda viajando no universo da discussão da utilização do jogo na educação, Marinho et al. (2007) relatam que entender o lugar do jogo no espaço educativo passa a ser imprescindível para que esse recurso possa ser utilizado adequadamente, e entre as questões envolvendo o processo de ensino-aprendizagem entendem que a nossa prática é alvo de objeto de reflexão, principalmente como abordamos os diferentes conhecimentos, além do envolvimento de nossos alunos e o fato de estarem realmente aprendendo.

A importância do jogo no universo da criança, tanto no período da Educação Infantil como nas séries iniciais do Ensino Fundamental, tem sido evidenciada por vários estudiosos da aprendizagem e do desenvolvimento como um fato indiscutível, no sentido de que as crianças brincam grande parte de seu tempo e também porque o jogo constitui um dos recursos de ensino mais eficientes para a criança adquirir conhecimentos sobre a realidade (MARINHO et al., 2007, p. 91).

O jogo tem características próprias que justificam sua utilização nas aulas. "O jogo é uma das atividades educativas com maior característica humana, pois colabora na educação dos seres humanos, e não para que saibamos mais conhecimentos específicos como os de matemática" (PICCOLO & MOREIRA, 2012, p. 81).

Ainda nos referindo aos autores, eles acreditam que "o jogo nos educa para sermos mais humanos, que no quadro atual de nossa civilização pode ser considerado muito" (PICCOLO & MOREIRA, 2012, p. 81).

Rallo e Quevedo (1994, p. 33) consideram que "se o professor propicia o trabalho coletivo, de cooperação, de comunicação e socialização, os jogos passam a ter significados positivos e são de grande utilidade no processo de alfabetização".

Não podemos esquecer que um dos objetivos da escola é oferecer condições para que os alunos possam absorver todo o conhecimento acumulado historicamente. Foi-se o tempo onde o saber era domínio exclusivo do professor e o aluno mero ouvinte, um receptor de todo o conhecimento de forma passiva. As informações chegam de forma rápida e temos que nos adaptar se não quisermos ficar para trás.

Almeida (2000, p. 61) menciona que, "não obstante, é preciso compreender claramente que o trabalho escolar deve ser mais que um jogo e menos que um trabalho. É um equilíbrio entre o esforço e o prazer, instrução e diversão, educação e vida".

O mesmo mostra uma preocupação com a criança e seu aprendizado:

Conduzir a criança à busca, ao domínio de um conhecimento mais abstrato, misturando habilmente uma parcela de trabalho (esforço) com uma boa dose de brincadeira, transformaria o trabalho, o aprendizado, num jogo bem-sucedido, momento este em que a criança pode mergulhar plenamente sem se dar conta disso (ALMEIDA, 2000, p. 60).

Nós, educadores, formamos pensadores, e a educação acontece o tempo todo. Somos parte desse processo e devemos fazer acontecer essa educação. Além de termos uma formação plena, não devemos ter dúvidas em como trabalhar com nossos alunos sendo um mediador que "também" detém o saber e o transmite de forma clara interagindo com as crianças e adolescentes.

A partir do que aqui foi posto, acredito na responsabilidade daqueles que trabalham com educação nas diversas modalidades (infantil, fundamental e médio) e na possibilidade real da aplicação dos jogos como conteúdos, tendo como objetivo principal os alunos.

ORGANIZANDO AS ATIVIDADES

Segundo Cavallari e Zacharias (2003, p. 21), "para qualquer área de estudo ou de atuação onde se faça necessário um planejamento". Aqui o autor se refere às atividades recreativas, mas o ato de planejar é importante também quando se trata de atividades com jogos na escola.

- Levantar dados sobre a situação atual. Como as coisas estão no momento.
- Estabelecer critérios e atividades para se atingir os objetivos propostos.
- Executar, desenvolver efetivamente tudo o que foi proposto e posteriormente avaliar.

Na escola se faz necessário conhecer bem as turmas que temos para atender da melhor maneira aos anseios de nossos alunos.

Seguindo essa linha de pensamento, Maluf (2003, p. 29) cita que o professor deve organizar as atividades, procurando as que foram mais significativas para seus alunos, criando condições para que elas sejam realizadas, trabalhando individualmente ou em grupos.

INTERDISCIPLINARIDADE

Falar em interdisciplinaridade não é fácil, apesar de ser um termo relativamente conhecido por todos. Quem já não ouviu falar sobre trabalhar com os conteúdos em várias áreas do conhecimento? Elaborar temas onde mais de uma disciplina possa ser incluída é algo que deveria ser fácil, mas infelizmente não é. Sendo assim, buscamos entender um pouco sobre os conceitos de interdisciplinaridade. Hoje em dia trabalhar de forma interdisciplinar pode ser a chave para que o educando possa se interessar mais pelo seu aprendizado. Para Trindade apud Fazenda (2008), é necessário oferecer elementos conceituais básicos a respeito da interdisciplinaridade. Não é intenção aprofundar o assunto, mas tentar conceituar para nortear esse trabalho.

Como organizar os conteúdos de maneira que possam atender a diversos objetivos em áreas diferentes do conhecimento é talvez a principal dúvida dos educadores que atuam com crianças e adolescentes. Como o assunto é relativamente recente, não podemos condená-los por esse motivo.

Segundo Yared (apud FAZENDA, 2008, p. 161), "etimologicamente, interdisciplinaridade significa, em sentido geral, relação entre as disciplinas". A mesma autora ainda afirma que não é um conceito fechado em si. Já Fazenda (2008, p. 162) diz que "a interdisciplinaridade é uma nova atitude diante da questão do conhecimento, de abertura à compreensão de aspectos ocultos do ato de aprender..."

Hoje, quando pensamos em oferecer condições para que nossos alunos possam absorver o máximo em conhecimento, temos que ter em mente que um trabalho bem-realizado deve passar por momentos onde os conteúdos possam se inter-relacionar.

O fenômeno da interdisciplinaridade, como instrumento de resgate do ser humano com a síntese, projeta-se no mundo todo. Mais importante que conceituar é refletir a respeito de atitudes que se constituem como interdisciplinares (TRINDADE, apud FAZENDA, 2008, p. 66).

O que vemos hoje são trabalhos com os alunos dentro das disciplinas, com poucas possibilidades em organizá-los de maneira interdisciplinar. "Nas questões da interdisciplinaridade é possível planejar e imaginar, porém é impossível prever o que será produzido e em que quantidade ou intensidade" (FAZENDA, 1998, p. 8).

O processo interdisciplinar desempenha um papel decisivo no sentido de dar corpo ao sonho de fundar uma obra de educação à luz da sabedoria, da coragem e da humanidade (FAZENDA, 1998, p. 8).

Sabemos que muitas escolas têm feito um trabalho no sentido de oferecer atividades que contemplem objetivos variados a partir de propostas que contemplem as diversas áreas do conhecimento. Estudiosos têm escrito sobre sua importância.

Tomemos como exemplo o que nos diz Yves Lenoir, apud Fazenda (2008). Ele trata a interdisciplinaridade escolar sob a ótica de três planos, a saber: A interdisciplinaridade curricular, a interdisciplinaridade didática e a interdisciplinaridade pedagógica. Abaixo mostro um quadro bem resumido com as ideias propostas para tentar vislumbrar essa tal interdisciplinaridade:

Interdisciplinaridade curricular	Ela consiste no estabelecimento – após uma análise sistemática de programas de estudos, particularmente sobre certos parâmetros (o lugar e a função de diferentes matérias – sua razão de ser, sua estrutura taxionômica, seus objetos de estudo e de aprendizagem, suas tentativas de aprendizagem etc.), de ligações de interdependência, de convergência e de complementaridade entre as diferentes matérias escolares que formam o percurso de uma ordem de ensino ministrado.
Interdisciplinaridade didática	Trata da planificação, da organização e da avaliação da intervenção educativa. Assegurando uma função mediadora entre os planos curriculares e pedagógicos, a interdisciplinaridade didática leva em conta a estruturação curricular para estabelecer preliminarmente seu caráter interdisciplinar, tendo por objetivo a articulação dos conhecimentos a serem ensinados e sua inserção nas situações de aprendizagem.
Interdisciplinaridade pedagógica	Ela assegura, na prática, a colocação de um modelo ou de modelos didáticos interdisciplinares inseridos em situações concretas da didática e ela deve estar no âmbito do projeto de produção educativa.

Adaptado de: LENOIR, Y. *Didática e interdisciplinaridade*, p. 57-58.

Muitos dos profissionais de educação têm uma resistência em trabalhar interdisciplinarmente talvez pela falta de informação a respeito do assunto, ou por acreditarem que esse trabalho em específico não traga o resultado desejado. Acredito que seja de fundamental importância organizar os conteúdos de maneira que nossos alunos absorvam o máximo de conhecimento possível. Um estímulo adequado pode fazer a diferença.

Os Parâmetros Curriculares Nacionais – PCNs (1998, p. 34 a 39) procuram trabalhar os conteúdos contemplando, além das disciplinas específicas, o que chamamos de temas transversais, onde as propostas também buscam contemplar:

• Ética;

• Saúde;

• Pluralidade cultural;

• Meio ambiente;

• Orientação sexual;

• Trabalho e consumo.

Especificamente o PCN do Ensino Médio traz a questão da interdisciplinaridade, onde o trabalho deve ser feito através da organização curricular por áreas e da concepção transdisciplinar das linguagens (BRASIL, 1999, p. 34).

"A proposta da interdisciplinaridade é estabelecer ligações de complementaridade, convergência, interconexões e passagens entre os conhecimentos" (BRASIL, 1999, p. 26).

Partindo da premissa de um trabalho interdisciplinar, temos aqui um bom exemplo de que as atividades propostas podem e devem atingir a objetivos diversos.

Diversos conteúdos na área de Educação Física podem ser trabalhados em conjunto com outras disciplinas como a Matemática, Língua Portuguesa e História. Importante dizer que os profissionais envolvidos devem trabalhar em conjunto, conhecendo as etapas de cada atividade para que os objetivos anteriormente propostos possam ser atingidos.

Sobre os jogos

Antes de passarmos às sugestões de pequenos e grandes jogos que podem ser realizados com os alunos/crianças, trataremos de tópicos que acredito que sejam importantes, pois vão auxiliar na elaboração e desenvolvimento das atividades.

Outras disciplinas podem ser agregadas à proposta enriquecendo ainda mais os objetivos. Esse trabalho auxiliará em muito no desenvolvimento dos alunos que participarem. Além de trabalhar com os alunos aspectos relacionados à coordenação de movimentos, as capacidades físicas básicas como velocidade, agilidade e força que são próprias das atividades físicas agregarão as demais disciplinas de acordo com as mesmas.

O grupo

A opção pela participação em grupos nas atividades propostas parte da ideia que eles realizem as tarefas juntos, que brinquem e interajam de maneira saudável. As atividades feitas individualmente também têm seu valor, mas a proposta nossa é se beneficiar dos valores que o trabalho em grupo traz. Mais que dividir tarefas, o trabalho em grupo auxilia na troca de experiências e conhecimento.

Divisão dos grupos

Existem vários jeitos de formarmos os grupos que participarão das atividades. É interessante até para que as panelinhas sejam evitadas e todos participem em iguais condições.

- Podemos simplesmente contar cada participante para essa formação. Outras:

- Colocar dentro de um saco plástico nomes de animais ou objetos de acordo com o número de participantes. Cada um deles tira um papel com o nome e ao final todos se reúnem de acordo com o animal ou objeto que retiraram anteriormente.

- Todos andando pelo espaço e ao sinal todos devem formar grupos com seis integrantes, por exemplo. Esse será o grupo a participar. Pode ser feito na forma de operação matemática. É dita uma conta ou expressão e os alunos devem encontrar o resultado formando o grupo.

OS PARTICIPANTES

Como dito anteriormente, o grupo é privilegiado aqui. Porém, os grupos mencionados podem ser maiores ou menores. Acreditamos que, a partir de trios, nossos alunos/crianças possam participar adequadamente. Importante ressaltar que grupos onde meninos e meninas interagem é o mais adequado.

OS MATERIAIS

Os materiais aqui propostos podem ser substituídos à medida que for necessário e atinja os objetivos que se propõem. Eles são propostos em função dos locais a serem utilizados e do número de participantes.

OBJETIVOS

Como a característica dos *grandes jogos* traz a participação de todos, os objetivos a serem atingidos podem ser variados. A abordagem dos jogos permite que diversos conteúdos possam ser trabalhados em Ciências, Geografia e História, por exemplo. Essa dinâmica faz com que os objetivos possam sofrer alterações de acordo com a proposta inicial.

LOCAL DAS ATIVIDADES

Nossa proposta é trabalhar no ambiente escolar, procurando utilizar o maior espaço disponível. Como um grande jogo necessita de espaço adequado, a ideia é utilizar a quadra poliesportiva, pátio, gramado, salas de aula, estacionamento e outros locais que possam se adequar às atividades.

FAIXA ETÁRIA DOS PARTICIPANTES

É sabido que brincadeiras e jogos podem ser adaptados. Portanto, as atividades aqui propostas podem ser adaptadas para diversas faixas etárias, adequando-se aos objetivos que se queiram atingir. Cavallari e Zacharias (2003) não acreditam que existam atividades específicas para determinadas faixas etárias. Elas podem ser adaptadas a qualquer participante, respeitando as características de suas idades. Faz-se necessário conhecer as características dos grupos que serão atendidos nas atividades/jogos para que o sucesso seja completo.

FIGURINOS

Os personagens fazem parte das atividades propostas e um grande jogo sempre tem algum. Ao contar uma história ou desenvolver um jogo, uma brincadeira, fazemos uso dos personagens. O figurino, a fantasia revela muito do personagem e os participantes se envolvem ainda mais.

PRODUÇÃO DO LOCAL

Pensando no local onde as atividades serão realizadas, devemos conhecê-lo com antecedência nos mínimos detalhes para que nada possa dar errado. Num gramado, verificar se não há buracos para que algum participante não se machuque durante as atividades, ou se a quadra é adequada para um jogo que se pretende realizar, e assim por diante. O local onde as atividades são realizadas também pode ser preparado para dar um toque ainda mais especial, realçando o enredo. Tudo isso vai depender do tipo de atividade e dos objetivos a serem alcançados.

MÚSICAS

Percebemos que a música tem grande importância no desenvolvimento das atividades propostas. Além de entreter, insere o indivíduo no universo do jogo, fazendo-o participar com mais alegria e vontade.

Tempo das atividades

Cada grande jogo realiza sua duração, portanto não é nossa preocupação estipular um tempo para ele. Os grupos são diferentes, e por isso a duração de um grande jogo pode variar. Como sugestão apenas, as atividades podem durar de 30 minutos até 1 hora. Não queremos atividades que extrapolem esse tempo, por acreditar que é o suficiente para atingir os objetivos propostos nas atividades.

Premiação

Quando falamos de jogo (no caso um grande jogo), pensamos também em vencedores. Um dos motivos que nos leva a jogar é a possibilidade de vencer, e não podemos desprezar essa importante motivação. Apesar disso, queremos que as crianças/alunos participem das atividades buscando também o trabalho em grupo, o lúdico e o prazer. O vencer ou perder será consequência. Pensando assim premiamos os vencedores, mas com a consciência de que todos sairão felizes por participar.

Segunda parte

Atividades práticas na escola

▌PEQUENOS JOGOS TRABALHANDO CONTEÚDOS MATEMÁTICOS

1 Jogo dos números

2 Corrida dos números

3 Cordas

4 Quebra-cabeças

5 Quebra-cabeças II

6 Jogo das argolas

7 Jogo com bexigas

8 Par e ímpar

9 Par e ímpar II

10 Formas geométricas

11 Revezamento com bexigas

12 Revezamento das camisetas

13 Tira rabo

14 Derrubando os pinos

15 Brincadeira dos cartões

16 Grupos geométricos

17 Criando formas

18 Enigma com números e letras

19 Jogo da sequência

1 JOGO DOS NÚMEROS

Desenvolvimento:

Participantes espalhados pela quadra. O professor pede para que todos se desloquem à vontade, e a seu sinal devem montar grupos de acordo com os números solicitados por ele. Os comandos:

- Formar grupos com três integrantes. Formar grupos com 5 integrantes.

- Uma variante é o professor fazer operações matemáticas onde os alunos devem realizar as operações e formar os grupos de acordo com o resultado final.

- O professor levanta cartazes com as operações matemáticas (adição, subtração, divisão, multiplicação). Os alunos realizam a operação e formam grupos de acordo com os resultados.

2 CORRIDA DOS NÚMEROS

Desenvolvimento:

Os alunos são colocados em várias colunas. À frente deles são colocados, a mais ou menos 15 metros, cartões com números. O professor dirá uma expressão ou uma operação matemática.

O primeiro aluno de cada coluna deverá resolver a expressão ou operação e buscar o cartão correto referente ao resultado. Apesar de não ser fácil, pede-se que os integrantes da coluna não ajudem o colega, a menos que o professor autorize.

3 CORDAS

Desenvolvimento:

Com dois alunos segurando uma corda. Os demais pulam de diversas formas a corda.

• Zerinho

• Realizando operações matemáticas

4 QUEBRA-CABEÇAS

Desenvolvimento:

Os participantes da brincadeira devem estar em um espaço como meia quadra (podem ser divididos em grupos). Colocadas a uma distância determinada estão várias peças de quebra-cabeças de cores diferentes misturadas.

Ao sinal do professor, o primeiro integrante de cada grupo deve correr até onde estão colocadas as peças misturadas e buscar uma delas (da cor de sua equipe). Ao chegar, o próximo de seu grupo busca outra peça e assim por diante, até todas as peças serem pegas. O grupo deve montar o quebra-cabeça o mais rápido possível.

A atividade pode ser feita também individualmente. Outra variante é a possibilidade de elaborar quebra-cabeças de formas diferentes e não por cores.

5 QUEBRA-CABEÇAS II

Desenvolvimento:

Nesta brincadeira os alunos são divididos em trios ou quartetos. Recebem do professor três dados para serem montados pelo grupo. Eles devem ser montados o mais rápido possível. Um detalhe deve ser observado: a soma dos números do lado superior e inferior do dado deve ser sempre **sete**.

6 JOGO DAS ARGOLAS

Desenvolvimento:

Para essa atividade os alunos se colocam em colunas como em estafetas. São colocados suspensos, em uma corda ou numa trave de futsal, arcos representando pontuação que pode variar de acordo com os objetivos da atividade (10, 20, 50, 100 pontos).

O primeiro aluno de cada coluna deve arremessar uma bola entre o arco com a pontuação que lhe for solicitada, somando pontos. A atividade pode ser feita individualmente ou em grupos.

7 JOGO COM BEXIGAS

Desenvolvimento:

Os alunos que participam da atividade estão espalhados pela quadra ou pátio. Papéis com operações matemáticas (adição, subtração, divisão, multiplicação, expressões numéricas) são colocados dentro das bexigas. Depois de cheias são entregues aos alunos.

Durante uma música colocada previamente todos devem jogar para o alto as bexigas e, cada vez que ela parar, todos devem estourar as bexigas para resolver as operações matemáticas.

8 PAR E ÍMPAR

Desenvolvimento:

Nesta brincadeira os alunos são divididos em dois grupos com coletes e em colunas. Um deles representa os números pares, e o outro os números ímpares. Bolas de basquete são colocadas à frente dos grupos. O professor dita uma operação matemática ou uma expressão. Os grupos devem ficar atentos ao resultado (par ou ímpar). Conforme o resultado, um dos alunos pega a bola de basquete e faz um arremesso.

Devem ser feitas operações matemáticas necessárias para que todos possam ter a oportunidade para arremessar a bola.

São marcados pontos quando o aluno da equipe vai até a bola e o arremesso é feito com sucesso.

9 PAR E ÍMPAR II

Desenvolvimento:

Alunos colocados em duas fileiras, uma de costas para a outra. Uma delas representa os números ímpares, e a outra os números pares. Uma linha é colocada 15 metros à frente da fileira. O professor diz um número, ou faz uma operação matemática. Se o resultado for ímpar, os alunos ímpares correm até essa linha enquanto os alunos pares tentam pegá-los e vice-versa.

As operações matemáticas podem ser feitas em papel-cartão ou cartolina, e mostradas as duas fileiras para que eles façam mentalmente essas operações.

10 FORMAS GEOMÉTRICAS

Desenvolvimento:

Os alunos são divididos em grupos de até 5 integrantes. O espaço utilizado pode ser o pátio ou a quadra, e músicas são colocadas durante a brincadeira. Colocadas a mais ou menos 20 metros dos grupos, temos caixas com pedaços de quebra-cabeças. Ao comando do professor eles devem correr até a caixa e buscar peças para montarem formas geométricas no chão. Exemplos:

- Montar uma peça com 4 lados.
- Montar uma peça com 3 lados.
- Montar um quadrilátero.

Os alunos devem montar as peças e dizer depois o que montaram. Pontos são dados às equipes de acordo com seu desempenho.

11 REVEZAMENTO COM BEXIGAS

Desenvolvimento:

Os alunos são divididos em grupos e dispostos em colunas. Caixas com bexigas cheias são colocadas à frente das colunas. Dentro das bexigas temos papéis com operações matemáticas e/ou expressões que devem ser resolvidas pelos alunos. Ao sinal do professor, o primeiro aluno de cada coluna deve correr até a caixa, estourar um balão, pegar o papel e levá-lo até a coluna. O próximo aluno da coluna é que deve resolver a operação e colocar o resultado na lousa (fazer uma adaptação se não for dentro de sala). Assim sucessivamente, um aluno busca e o outro resolve a operação.

Ao invés de levar o papel, o aluno que estourar a bexiga pode dizer em voz alta a operação matemática, o próximo colega da coluna corre até o local onde deve colocar a resposta. Durante a brincadeira, tocar músicas divertidas incentivará a participação de todos.

12 REVEZAMENTO DAS CAMISETAS

Desenvolvimento:

Alunos divididos em grupos, e podem ser dispostos em colunas ou ficar agrupados enquanto aguardam as instruções do professor. Em locais preestabelecidos teremos caixas com camisetas ou coletes com números ou operações matemáticas. O professor faz uma operação matemática e, ao sinal dele, um dos alunos de cada grupo deve ir até uma das caixas, encontrar e vestir a camiseta/colete com o resultado correto, retornando ao grupo.

O professor deve fazer tantas operações quantas forem necessárias para que todos possam procurar as camisetas/coletes. Se algum aluno colocar a camiseta errada, fica no grupo, e o próximo a buscar leva essa camiseta para colocar de volta na caixa. Finalizamos, pontuando as camisetas/coletes que foram encontradas corretamente.

13 TIRA RABO

Desenvolvimento:

Os alunos devem ficar espalhados pelo espaço da quadra, cada um com uma tira de cartolina que será colocada nas costas, na altura da cintura dos mesmos. Cada tira deve ter 30cm e uma operação matemática ou expressão e o nome do aluno.

A brincadeira consiste em fazer um pega-pega onde uns tentam tirar o "rabo" do colega. Um tempo é dado aos alunos, e ao seu término os alunos que conseguiram as tiras devem resolver as operações que estão nelas escritas. Se acertarem ficam com elas, se errarem devolvem as tiras aos seus donos, que ficam com os pontos.

14 DERRUBANDO OS PINOS

Desenvolvimento:

Para essa brincadeira usaremos bolas e garrafas pet de tamanhos variados. Se estiverem disponíveis pinos de boliche, melhor ainda. Em cada uma delas são colados papéis com números e símbolos matemáticos (sinais de adição, multiplicação, divisão, parênteses etc.). Quanto maior a quantidade de pinos melhor.

Os alunos são divididos em grupos e escolhem quem vai jogar a bola para derrubar os pinos (folhas de cartolina e pincéis ou canetas são entregues aos grupos). Ao sinal do professor, o aluno escolhido pelo grupo deve jogar uma bola para derrubar os pinos que serão colocados em local já previamente estabelecido. Os pinos derrubados devem ser recolhidos pelo grupo, que a partir dos mesmos deve criar uma operação ou expressão matemática, escrevê-la no papel cartolina e apresentar aos outros grupos que deverão resolver a operação enquanto uma música toca. Enquanto a música tocar, os grupos podem resolver as operações.

Os grupos ganham pontos por criar uma operação ou expressão correta, e quando conseguem acertar a operação criada por outro grupo.

15 BRINCADEIRA DOS CARTÕES

Desenvolvimento:

Cartões de 15cm x 15cm são espalhados pelo espaço que pode ser a quadra ou um pátio. Cada um dos cartões tem desenhada uma forma geométrica. Os alunos são divididos em trios e recebem uma folha com uma lista de formas geométricas a serem encontradas. Ao sinal do professor eles devem sair à procura das formas enquanto uma música toca. Encontradas as formas, o grupo deve ir até o professor para entregar a lista. Exemplo de lista:

1	Retângulo
2	Quadrado
3	Losango
4	Cone
5	Pirâmide
6	Cubo
7	Triângulo

16 GRUPOS GEOMÉTRICOS

Desenvolvimento:

Alunos dispostos aleatoriamente na quadra. Cada um recebe um cartão de 10cm x 10cm com uma figura geométrica desenhada nele. Com uma música e ao sinal do professor, os alunos se deslocam na quadra fazendo mímicas (em silêncio) representando as figuras. Os alunos se agruparão de acordo com as figuras semelhantes, e assim que todos estiverem juntos devem falar em voz alta a figura geométrica que representam.

17 CRIANDO FORMAS

Desenvolvimento:

Os alunos são divididos em pequenos grupos. Na quadra são espalhadas peças de tangram. Uma música é colocada, e ao sinal do professor os alunos devem se deslocar, encontrar as peças e criar formas a partir do que encontrarem. Podem ser feitas formas geométricas, animais etc. Posteriormente os alunos apresentam o que criaram.

18 ENIGMA COM NÚMEROS E LETRAS

Desenvolvimento:

Atribuímos um código relacionando os números às letras, conforme o exemplo abaixo:

1 – A	5 – E	9 – I
2 – B	6 – F	0 – J
3 – C	7 – G	
4 – D	8 – H	

Os alunos são divididos em dois grupos. Após um sorteio o grupo que inicia deve criar uma operação matemática a partir do código apresentado. Exemplo: AB + CD = ? (12 + 34 = 46). O outro grupo deve decifrar e resolver a operação matemática marcando pontos se acertar.

O nível de dificuldade varia de acordo com o grupo que participa da atividade. De acordo com a turma a ser trabalhada, outros números podem ser inseridos para representar os códigos.

19 JOGO DA SEQUÊNCIA

Desenvolvimento:

Os alunos são divididos em duplas ou trios. Recebem do professor cartões de 15cm x 15cm com figuras. O número de cartões varia de acordo com a brincadeira. O espaço a ser usado é a quadra, e, enquanto uma música toca, o professor apresenta um painel com uma sequência de figuras.

Os alunos terão 30 segundos para pegarem suas figuras e montarem no chão a sequência que foi apresentada pelo professor. Pontuam-se os alunos que conseguirem sucesso na tarefa. Serão feitas rodadas de acordo com o interesse dos alunos.

▌PEQUENOS JOGOS TRABALHANDO CONTEÚDOS EM LÍNGUA PORTUGUESA

1 Pega palavras

2 Caça-palavras

3 Tiro ao alvo

4 Caça letras

5 Caça letras II

6 Bexigas musicais

7 História com palavras

8 Os opostos

9 Os opostos II

10 Quatro cantos com países

11 Quatro cantos com animais

12 Jogo dos balões

13 Enigma com letras e números

14 Dominó gigante

15 Jogo das palavras

16 Formando as frases

1 PEGA PALAVRAS

Desenvolvimento:

Na quadra, ou outro espaço escolhido, como o pátio, são espalhados papéis com palavras. Os alunos são divididos em trios. Em outro espaço são colocadas cartolinas com canetas ou pincéis. Ao sinal do professor e ao som de música, os trios devem correr pela quadra e em 30 segundos devem recolher os papéis com as palavras (um número de papéis pode ser determinado antes pelo professor).

Feito isso, os alunos devem criar uma frase com os papéis recolhidos por eles. Uma variante é fazer com que os alunos escrevam uma pequena história com os papéis e apresentar aos demais grupos.

2 CAÇA-PALAVRAS

Desenvolvimento:

Alunos divididos em grupos de acordo com a turma. Cada grupo recebe um painel (pode ser feito com cartolina ou papel-cartão) com perguntas referentes a conteúdos diversos na Língua Portuguesa. Em espaço previamente determinado é colocada uma grande caixa com as respostas.

Ao som da música e ao sinal do professor os alunos devem encontrar na caixa as respostas das perguntas que possuem em seu painel. Importante frisar que devem buscar uma resposta por vez e colar no painel. Os alunos continuam até encontrar todas as respostas.

3 TIRO AO ALVO

Desenvolvimento:

Os alunos são divididos em grupos dispostos em colunas. À frente de cada grupo, colocamos um alvo (painel) com diversas palavras como adjetivos, substantivos, advérbios etc. Ao sinal do professor o primeiro aluno de cada coluna deve jogar um dardo na palavra solicitada. Exemplo:

• Acertar uma palavra que represente um substantivo.

• Acertar uma palavra que represente um adjetivo.

Neste caso o aluno deve conhecer os conceitos referentes a substantivos ou adjetivos para saber qual palavra acertar. Os grupos ganham pontos à medida que acertam as palavras.

4 CAÇA LETRAS

Desenvolvimento:

Cartões com letras são espalhados pela quadra ou pátio. Os alunos são divididos em duplas ou trios para a brincadeira. O professor tem em mãos enigmas e/ou perguntas que serão feitos aos alunos. Exemplo:

• Estado brasileiro cuja capital é Recife.

Ao sinal devem procurar as letras que formem a resposta (neste caso **Pernambuco**). Os grupos pontuarão na medida em que conseguem formar as palavras. As letras são espalhadas em número suficiente para que todos possam encontrá-las.

5 CAÇA LETRAS II

Desenvolvimento:

Os alunos devem ser divididos em pequenos grupos. Na quadra são espalhados cartões com as letras do alfabeto. Em um espaço determinado anteriormente ficam dois representantes de cada grupo com um painel. Ao som de música e ao sinal do professor os grupos devem se deslocar pela quadra e encontrar as letras.

Elas devem ser entregues aos representantes do grupo que formarão o alfabeto. Vence o grupo que conseguir montar o alfabeto primeiro.

6 BEXIGAS MUSICAIS

Desenvolvimento:

Alunos divididos em dois grupos. Um integrante de cada grupo é escolhido para realizar a tarefa. Um varal com bexigas com papéis dentro e cheias é colocado à frente dos grupos. Faz-se um sorteio para saber qual dos grupos começa a brincadeira.

O integrante do grupo que inicia deve ir até o varal, estourar uma das bexigas, pegar o papel e levá-lo até o grupo que deve cantar uma música com aquela palavra. O mesmo ocorre com o outro grupo que alternadamente vai buscando as bexigas. Pontuam quando conseguem cantar uma música com a palavra que encontraram.

O professor pode ter em mãos uma música com a palavra que foi escolhida pelo grupo. Depois de o grupo cantar, ele coloca a música. Se o grupo acertar, ganha um bônus.

7 HISTÓRIAS COM PALAVRAS

Desenvolvimento:

Em sala de aula os alunos são divididos em pequenos grupos. Disponibilizamos cartões com palavras que representam qualidades, locais e personagens. Os grupos recebem 6 cartões e, em um tempo já determinado previamente pelo professor, devem criar uma história com os mesmos. Posteriormente o grupo conta sua história. Os demais grupos copiam o que foi contado pelos colegas. Ao final teremos um livreto com as histórias de todos os alunos.

Uma variante da atividade é formar um grande grupo com os alunos, e com os cartões criar uma história apenas.

8 OS OPOSTOS

Desenvolvimento:

Na quadra ou pátio são espalhados cartões com 10cm x 10cm cada um, onde são escritos adjetivos e outros cartões onde são escritos seus opostos. Exemplos: quente/frio, feio/bonito, legal/chato etc.

Os alunos formam duplas. Ao sinal do professor e com uma música bem divertida devem encontrar os cartões para formar os pares. Após um tempo determinado previamente, todas as duplas devem apresentar seus cartões. Vão pontuando conforme acertam os opostos.

9 Os opostos II

Desenvolvimento:

Em etiquetas adesivas escrevemos adjetivos e em outras o oposto conforme exemplo: quente/frio, feio/bonito, legal/chato etc.

Alunos colocados em um grande círculo. Colocamos na testa de cada um deles uma das etiquetas sem que ele veja o que está escrito. Com uma música divertida e ao sinal do professor devem se deslocar aleatoriamente. Ao encontrar um colega, deve fazer uma mímica relacionada ao adjetivo do colega que fará o mesmo. Eles tentarão encontrar os opostos a partir dessa dinâmica apresentada.

Após um tempo determinado a música para e veremos quantos conseguiram encontrar seu par. Mais de uma rodada pode ser realizada com os alunos.

10 Quatro cantos com países

Desenvolvimento:

Alunos colocados em um grande círculo. Cada um deles recebe um cartão com o nome de um país que não deve ser revelado a ninguém. Os cantos da quadra serão representados pelos continentes. Exemplo: Américas, Europa, Ásia, África.

Ao sinal do professor, enquanto toca-se uma música, os alunos devem deslocar-se rapidamente para o canto do continente que representa seu país. O(s) aluno(s) que não acertarem o continente não marcam pontos. De acordo com o interesse dos alunos, mais de uma rodada pode ser realizada.

11 Quatro cantos com animais

Desenvolvimento:

A formatação da atividade é a mesma do quatro cantos com países. A diferença é que os cartões têm os nomes de animais. Os cantos da quadra representam **os países, regiões ou continentes**.

Ao sinal do professor os alunos devem se deslocar para o continente onde o animal vive. Marcam pontos os alunos que acertarem o local do animal. De acordo com o interesse dos alunos, mais de uma rodada pode ser realizada.

12 Jogo dos balões

Desenvolvimento:

Os alunos são divididos em quatro grupos. Cada grupo ganha bexigas de determinada cor. Exemplo: branca, azul, verde e vermelha. Cada um deles deve escrever em uma tira de papel uma pergunta que os integrantes dos outros grupos devem responder (devem ser feitas perguntas relacionadas ao conteúdo que está sendo trabalhado naquele momento).

Com uma música tocando e ao sinal do professor os alunos devem colocar na bexiga a tira de papel com a pergunta e seu nome. Com as bexigas cheias todos devem jogá-las para o alto aleatoriamente. Quando a música parar, todos devem pegar uma bexiga que não seja da sua cor e ler a pergunta para responder.

Se a resposta for correta marca um ponto para sua equipe, se estiver errada o ponto vai para a equipe que formulou a pergunta.

Outra forma de realizar a atividade é trabalhar com perguntas elaboradas pelo professor e colocadas previamente nas bexigas.

13 ENIGMA COM LETRAS E NÚMEROS

Desenvolvimento:

Utilizaremos letras e números para essa brincadeira. Para as letras do alfabeto atribuímos um número como no exemplo a seguir:

A – 1, B – 2, C – 3, D – 4, E – 5 e assim por diante.

Os alunos são divididos em dois grupos. Após um sorteio e a partir de um tempo determinado anteriormente o grupo que inicia deve formar uma frase codificada com os números e apresentar ao outro grupo que terá um tempo para decifrá--la enquanto toca uma música. Quando ela terminar (ou ao sinal do professor) deve apresentar sua resposta. Se acertar marca pontos. Invertem-se os papéis.

O nível de dificuldade das frases vai de acordo com os alunos que participam.

14 Dominó gigante

Desenvolvimento:

Os alunos são divididos em quatro grupos na quadra ou pátio. Utilizamos papel-cartão ou cartolina para a confecção das peças. Com os grupos definidos entregamos as peças do dominó para o jogo, e fazemos um sorteio para saber quem inicia. Os grupos devem montar as estratégias para escolher qual a peça adequada para a jogada. Vence o grupo que conseguir terminar suas peças.

As peças podem ser montadas de diversas formas: com números, com operações matemáticas, com animais etc.

15 Jogo das palavras

Desenvolvimento:

São confeccionados cartões de 15cm x 15cm representando as letras do alfabeto. Os alunos são divididos em quatro grupos. Cada grupo recebe um alfabeto. Ao sinal do professor os grupos devem formar o maior número possível de palavras enquanto toca uma música. Para dificultar a tarefa deve ser dito que as palavras não podem ter letras repetidas.

Ao final vamos conferir quantas palavras cada grupo consegue formar. Damos exemplos de palavras onde as letras não se repetem: baú, perna, banco, cone etc.

16 FORMANDO AS FRASES

Desenvolvimento:

Alunos divididos em trios. São entregues aos grupos fichas com palavras e expressões que formam frases. Na quadra e ao som de músicas o professor apresenta aos grupos uma frase pronta. Os alunos terão 30 segundos para formar no chão a frase apresentada pelo professor, pontuando-se os alunos que conseguirem sucesso na tarefa.

▌GRANDES JOGOS

Passamos agora aos grandes jogos. As atividades podem atender a mais de um objetivo e incluir mais de uma disciplina. Vão variar de acordo com os organizadores das atividades. Divirtam-se!

1 Detetive

2 Pirâmides e faraós

3 Ampulheta e as areias do tempo

4 Brincadeira de criança

5 Jogos olímpicos

6 O segredo das pedras

7 Roteiros do Brasil

8 As múmias

9 Caos

10 Desafios

11 Vamos às compras

12 O louco das cores

13 Tangram

14 No folclore

15 No folclore II

16 No país das cordas

17 Índios

18 Halloween

19 Cubo mágico

20 Você é bom de memória?

1 DETETIVE

Objetivos: Trabalhar em equipe, resolução de enigmas, raciocínio.

Interdisciplinaridade: Língua Portuguesa

Algo ou alguém desapareceu. Um mistério a ser desvendado. Atividades que envolvam pistas que devam ser descobertas despertam a curiosidade dos grupos que praticam grandes jogos. Os participantes são divididos em grupos que deverão descobrir pistas para desvendar um mistério que paira sobre todos. Estão representando respeitadas agências policiais.

Um importante membro da comitiva russa que visita o Brasil teve sua maleta com importantes documentos roubada. Pistas são deixadas no espaço a ser utilizado pelos grupos que deverão segui-las para poder encontrar a maleta. O ladrão foi preso, porém a maleta até o momento não foi recuperada, ele apenas indicou onde ela pode estar escondida. A missão dos grupos é recuperar a maleta contendo os documentos.

Desenvolvimento:

Os grupos são divididos e a partir desse momento recebem o nome das principais agências policiais do mundo, a fim de recuperar a maleta roubada. Um dos monitores representará um delegado da polícia federal que informará aos grupos o sumiço do objeto em questão. Cada um dos grupos começará de um determinado ponto, onde encontrarão pistas que os levarão a outros locais até poder encontrar o que procuram. Outro monitor poderá interpretar o membro da comitiva russa que foi roubado, e dar dicas de como ela é. Outros personagens podem ser inseridos durante o jogo. Nesse caso temos um professor que conhece todo o local onde os grupos estão procurando a maleta, e dará dicas importantes para que todos obtenham sucesso.

Dadas as informações, cada grupo segue para encontrar as pistas que indicarão o próximo local onde deverão ir. Cada grupo conta com um monitor com rádio amador para comunicação com os demais. Os locais a serem escondidas as pistas variam de acordo com a disponibilidade do espaço. Indicamos neste caso:

- Quadra poliesportiva;
- Laboratório;
- Sala de vídeo;
- Cozinha;
- Estacionamento;
- Pátio;
- Banheiros;
- Salas de aula.

Em cada um desses locais uma pista estará escondida, e, ao ser encontrada, dará indicação para onde o grupo deverá seguir. Passando por todos os locais, encontrará a indicação final de onde encontrar a maleta. O grupo que conseguir encontrar todas as pistas vencerá o jogo encontrando a maleta, devolvendo-a ao seu verdadeiro dono.

Materiais:

• Figurinos de policiais e representantes russos;

• Pistas;

• 4 rádios comunicadores amadores;

• Uma maleta;

• Coletes de várias cores.

2 PIRÂMIDES E FARAÓS

Objetivos: Trabalho em equipe, resolução de enigmas, raciocínio.

Interdisciplinaridade: História, Língua Portuguesa.

O Egito fascina milhões de pessoas que visitam esse país fantástico. Suas principais atrações são as pirâmides que recebem visitantes, curiosos e deslumbrados por suas belezas e segredos guardados. Aqui os participantes devem encontrar as pirâmides, desvendar seus enigmas a fim de encontrar um tesouro perdido há muito, e que até os dias de hoje não passa de uma lenda. Um dos monitores faz o papel de arqueólogo famoso que estuda as pirâmides do Egito há muitos anos e que acredita ter encontrado o tesouro até então perdido. O problema é que saqueadores de tesouros também buscam essa informação, e quanto mais rápido ele encontrar as relíquias, menos chances os ladrões terão.

Desenvolvimento:

Previamente os participantes são divididos em grupos por cores (com coletes ou pulseiras) devendo encontrar as pirâmides, resolver seus enigmas e encontrar o tesouro. Uma lista com nomes de pirâmides é entregue aos grupos que deverão encontrá-las. Cada grupo será representado por uma delas, mas não saberá qual a sua. Elas estarão espalhadas pelo espaço disponível representadas por papéis com seu nome. No verso dos papéis temos enigmas que deverão ser desvendados pelos grupos de arqueólogos ao final do jogo. Alguns nomes:

• Queóps, Quéfren, Djoser, Snefru e Miquerinos.

Ao encontrar um papel com o nome de uma pirâmide, saberão que num espaço de até 5 metros haverá uma pirâmide com partes de um quebra-cabeça. Encontrando-a, será entregue ao monitor que acompanha o grupo durante a busca. Elas terão as cores que representam o grupo e somente essa deve ser pega, não sendo permitido pegar pirâmides de outras cores.

Após encontrar todas as partes, monitor e grupo devem se dirigir até um local determinado pelo arqueólogo. Para descobrir qual a pirâmide do grupo, as partes do quebra-cabeça que estão dentro das pirâmides que encontraram, devem ser juntas para que mostrem o nome da pirâmide que deverão procurar. Feito isso, o grupo buscará o papel com o nome de sua pirâmide e tentará resolver os enigmas ali propostos.

Vencerá a equipe que primeiro conseguir resolver os enigmas, encontrando assim o tesouro escondido.

Materiais:

• Cartolinas para confecção das pirâmides;

• Caixa de papelão para tesouro (arca);

- Figurino de arqueólogo;
- Coletes de várias cores;
- Pulseiras coloridas.

3 AMPULHETA E AS AREIAS DO TEMPO

Objetivos: Trabalho em equipe, resolução de problemas.
Interdisciplinaridade: História, Língua Portuguesa.

"O tempo não para...", já dizia o refrão da música de Cazuza. Ele é o senhor de tudo o que fazemos e não podemos perdê-lo de vista se quisermos atingir nossos objetivos, não é mesmo? Tarefas do dia a dia nos tomam o tempo e ele é cruel conosco. Tempo para tomar banho, tempo para realizar tarefas de casa, para ir à academia etc. O tempo não pode ser sentido, ele acontece; e pensando nisso procuramos desafiar os grupos a realizarem tarefas durante um tempo determinado, procurando ser o mais rápido possível.

O homem já utilizou um instrumento interessante para marcar o tempo: a ampulheta. Também conhecida por relógio de areia. A ideia é usar uma ampulheta gigante para marcar o tempo durante a realização das tarefas por parte dos grupos que poderá ser em forma de gincana, por exemplo. Mais que cumprir o que for solicitado, os grupos correm atrás do símbolo da harmonia, que todos necessitam e que foi perdido nas areias do tempo.

 Esse símbolo é o objeto de desejo de todos que participam.

Desenvolvimento:

Os participantes realizarão tarefas variadas que vão desde resolver problemas até atividades motoras com ou sem materiais. À medida que o tempo vai passando, as atividades devem ser cumpridas numa sequência onde todos devem participar ajudando o grupo. Aqui o tempo será medido pela ampulheta. Ao final, o símbolo da harmonia é encontrado e entregue a todos que participaram das atividades sendo todos vencedores.

Sugestão de atividades:

Tarefas de solicitação, esportivas, culturais e artísticas. A elaboração fica por conta dos objetivos a serem atingidos.

Material:

• Necessário para a construção de uma ampulheta.

• Garrafas pet, areia fina ou sal seco, fita, prego, tampa.

• Fita adesiva.

• Papéis com o símbolo da harmonia.

• Os necessários para a realização das tarefas.

• Figurino para monitores.

4 BRINCADEIRA DE CRIANÇA

Objetivos: Coordenação de movimentos, estimular a ludicidade.

Interdisciplinaridade: Língua Portuguesa, Matemática, História.

Bons tempos aqueles em que brincávamos na rua com nossos amiguinhos. Bolinha de gude, pipa, peão, pular corda, elástico, jogar taco. Tudo de bom além de precisarmos de pouco material para tal. Hoje em dia vemos que a internet, os jogos eletrônicos, TV e celulares, entre outras coisas, facilitaram demais nossas vidas e nos colocaram cada vez mais dentro de nossas casas. Será que as crianças ainda brincam como antigamente? No momento não é o caso de aprofundar o assunto, mas sim trabalhar com brincadeiras tradicionais.

Seu *Arquiteclínio Petrocoquínio* estava em casa relembrando de quando era criança e de como era feliz naquele tempo. Pediu a seu anjo da guarda que voltasse a ser criança e foi atendido. Seu Arquiteclínio voltou a ser criança. Chegando a casa, seu filho viu aquele menino que dizia ser seu pai e se desesperou. O anjo apareceu e tratou de acalmá-lo, explicando como ele poderia voltar a ser adulto: "Brinque com ele", disse o anjo.

Agora é com a gente.

Desenvolvimento:

Os participantes são divididos em grupos para as atividades. Cada um deles terá um monitor para auxiliá-los. O espaço físico é dividido para que as brincadeiras sejam realizadas em forma de circuito. Cada grupo deve passar por todas elas para Seu Arquiteclínio Petrocoquínio voltar a ser adulto. Ao final todos terão brincado bastante e feito mais um adulto feliz por reviver momentos maravilhosos de sua vida, além de mostrar que essas brincadeiras são um verdadeiro barato.

Retornam ao local onde o jogo iniciou para saudar Seu Arquiteclínio.

As brincadeiras realizadas podem ser:

• Pular corda;

• Jogar bolinha de gude;

• Pular elástico;

• Pular amarelinha;

• Jogar peão;

• Cama de gato;

• Parlendas e trava-línguas;

• Brincadeiras com palmas.

Material:

Os necessários para a realização das brincadeiras tradicionais mencionadas, além de figurinos para o Senhor Arquiteclínio Petrocoquínio, seu filho e o anjo.

5 JOGOS OLÍMPICOS

Objetivos: Cooperação e espírito de equipe entre os participantes.

Interdisciplinaridade: História, Língua Portuguesa.

O esporte como meio de integração entre os povos. A maioria das pessoas pratica ou já praticou algum tipo de esporte, e devemos agradecer ao Barão de Coubertin a retomada dos Jogos Olímpicos em 1896 em Atenas na Grécia. O intuito aqui é utilizar algumas modalidades olímpicas para a realização desse grande jogo.

Desenvolvimento:

Os participantes são convidados a participar dos jogos olímpicos que ali serão realizados. Divididos em grupos, devem criar um nome fictício para seu país e uma bandeira que o represente. Feito isso, será realizada uma breve abertura dos jogos com a entrada das delegações dos países participantes. Alguns monitores ficarão separados no espaço disponível, representando algumas modalidades olímpicas como ginástica artística, natação, atletismo e futebol entre outras. Esses espaços podem ser:

• Quadra poliesportiva;

• Pátio;

• Sala de aula;

• Gramado.

Após a abertura os grupos devem se dirigir até um dos esportes sendo que eles têm uma sequência a ser seguida. Chegando a cada uma das modalidades, deverão responder perguntas ou realizar tarefas para poderem seguir até outro esporte olímpico (as tarefas são determinadas pelos monitores que representam aquela modalidade). Passando por todas as modalidades, as melhores equipes serão premiadas com medalhas simbólicas de ouro, prata e bronze no encerramento dos jogos.

Material:

• Medalhas para premiação.

• Figurinos para os monitores.

- Lápis de cor, canetas, pincel e tinta guache e cartolinas.
- Materiais esportivos para representar as modalidades.
- Equipamento de som simples.

6 O SEGREDO DAS PEDRAS

Objetivos: Trabalho em equipe.

Interdisciplinaridade: Língua Portuguesa, Geografia.

O grande pesquisador e especialista em pedras Doutor *Asteroide da Rocha Brasileira* está divulgando os resultados de sua última pesquisa sobre pedras e convida a todos a conhecer um pouco dessas maravilhas esculpidas pela natureza. Esse grande jogo tem como pano de fundo a procura por pedras de diferentes regiões, seus significados e sua importância. Falamos aqui de pedras brasileiras que encantam por sua beleza rara. Relacionamos algumas aqui[1].

- **Ametista:** calmante, afasta a negatividade. Transmite paz e harmonia. Encontrada no Brasil, Madagascar, Namíbia, Uruguai, Sri Lanka, Estados Unidos. Os gregos acreditavam que ela os protegia da feitiçaria, maus pensamentos, embriaguez e libertando-os de falsos amigos.

- **Ágata:** protege mãe e filho durante a gravidez, traz felicidade e fortuna. Encontrada no Brasil, Alemanha, Índia, Madagascar. Na Antiguidade eram usadas como amuletos. Os antigos romanos acreditavam que na forma de anéis podiam oferecer-lhes riqueza e poder.

---

1. Disponível em: http://www.lendaviva.com.br/lenda.htm

• **Cristal:** altamente energético, promove fluxo de energia além de conexão cósmica. Encontrado no Brasil, Madagascar, Alpes e Estados Unidos. Os gregos denominavam "Kristallos", que significa gelo. Até o século XVII, os povos acreditavam que se tratava de gelo petrificado.

• **Topázio azul:** aumenta a capacidade telepática, felicidade e bom humor. Encontrada no Brasil, Paquistão, Japão, Madagascar, Austrália, México. Segundo os gregos, reuniam-se no topázio azul os deuses do céu e da terra para falar sobre a exclusão dos males, para fazer com que o céu e todos os mares aparecessem transparentemente azuis.

• **Turmalina:** com altos poderes de cura e rejuvenescimento, protege contra energias negativas. Encontradas no Brasil, Suécia, Ural, Sri Lanka, Namíbia e Estados Unidos. Os antigos egípcios acreditavam que as turmalinas, de dentro da terra, através do arco-íris, ascendiam à luz do sol.

• **Água marinha:** pedra de amor e felicidade, amuleto de marinheiros e amantes, regenera a alma e a aura. Encontrada no Brasil, Afeganistão e Madagascar. Os antigos gregos apreciavam-na como símbolo da limpeza, amor e proteção. Os árabes a tinham como símbolo da alegria.

• **Esmeralda:** pedra milagrosa do amor, rejuvenescimento, inteligência e comunicação. Encontrada no Brasil, Estados Unidos, África do Sul, Austrália, Paquistão e Índia. Os gregos a chamavam de pedra do amor. Os Incas e os Astecas acreditavam serem pedras sagradas.

Obviamente não é necessário comprar as pedras para compor o jogo. Podemos buscar na rede internacional de computadores as imagens e imprimi-las. O interessante é despertar nos participantes a curiosidade e o conhecimento.

Desenvolvimento:

Sempre divididos em grupos, os participantes ouvem uma breve "palestra" do Doutor Asteroide da Rocha sobre as pedras brasileiras e recebem a informação de que elas estão espalhadas no local. Alguns monitores ficam em locais estratégicos com as pedras e devem ser encontrados. À medida que os participantes encontram o local das pedras, devem realizar uma tarefa que dará direito a recebê-la com seu breve histórico, feito pelo monitor. As tarefas solicitadas devem ser dinâmicas não impedindo, porém, que elas sejam mais "calmantes".

Os grupos que encontrarem todas as pedras devem retornar ao local onde iniciaram o jogo, sendo vencedor aquele que primeiro o fizer.

Material:

• Exemplares de pedras (imagens impressas das mesmas).

• Folhas com as tarefas a serem cumpridas.

• Figurino dos monitores e aparelho de som.

7 ROTEIROS DO BRASIL

Objetivo: Trabalho em equipe.

Interdisciplinaridade: Geografia.

Vamos fazer uma viagem pelo Brasil conhecendo suas regiões, sua culinária, pontos turísticos e tudo de bom que elas trazem. Nesse grande jogo todos serão convidados a viajar passando por vários estados. Todos a bordo, e tenham uma ótima viagem.

Desenvolvimento:

No início do jogo todos os participantes recebem uma pulseira colorida e uma caderneta para ser usada durante as atividades. Um dos monitores representa uma empresa de viagens **"Viajando pelo universo brasileiro"**, que dá detalhes da viagem. As cidades são escolhidas anteriormente, e no espaço disponível espalhadas aleatoriamente. Um monitor será responsável por cada cidade. As cadernetas dos integrantes do grupo têm uma sequência de locais/cidades a serem visitados. A cada rodada essa sequência muda:

Rodada "A"	Rodada "B"	Rodada "C"
1 Salvador	1 Natal	1 Fortaleza
2 Florianópolis	2 Salvador	2 Natal
3 Natal	3 Fortaleza	3 Florianópolis
4 Fortaleza	4 Florianópolis	4 Salvador

Ao sinal dado pelo monitor, os grupos saem em busca das cidades contidas em suas cadernetas, procurando seguir a sequência. Cada local/cidade tem um monitor que aguarda a visita dos grupos. Ao chegar, os integrantes devem realizar tarefas ou responder perguntas para poderem ganhar um visto. A partir daí seguem a sequência dos locais a serem visitados. O grupo que visitar todos os locais primeiro, retorna ao local do início das atividades.

Se as cadernetas estiverem com os vistos corretos, o monitor soa uma corneta sinalizando que aquela rodada terminou. Todos deverão partir para a segunda rodada, inclusive aqueles que não conseguiram visitar todas as cidades. Ressaltamos que, à medida que a rodada muda, o monitor também mudará. Se ele era "Natal", passa a ser "Florianópolis", por exemplo.

O número de rodadas pode variar de acordo com o interesse dos participantes, tendo um vencedor para cada uma delas. Aquele que cumprir os roteiros mais vezes é o vencedor.

Material:

• Cadernetas;

• Canetas e carimbos;

• Lista de tarefas;

• Pulseiras de identificação;

• Figurinos para os monitores.

8 AS MÚMIAS

Objetivos: Trabalho em equipe, resolução de tarefas.

Interdisciplinaridade: História.

Sempre que falamos em múmias nos vem à mente o Egito. Apesar disso sabemos que elas não são exclusividade dessa região. Em outros locais já foram encontradas múmias, e nesse grande jogo os participantes devem encontrar o maior número possível delas para vencer.

Desenvolvimento:

O Arqueólogo *Pacífico Armando Guerra* está numa expedição e necessita da ajuda dos participantes para encontrar múmias. Dá um breve histórico sobre elas e pede aos grupos que as encontre. Um detalhe na busca: o arqueólogo explica aos participantes que existe uma múmia em especial, que não quer que suas colegas sejam resgatadas. Ela está escondida e fará tudo para salvar suas amigas. O nome dela é "Mumix".

Os participantes, divididos em grupos, recebem coletes ou pulseiras coloridas, um mapa e são acompanhados por monitores. O mapa deve ser seguido pelo grupo. No espaço disponível são colocados bonecos de tamanhos variados envoltos com ataduras. Essas são as múmias a serem resgatadas. Quando encontrarem uma múmia, devem levá-la a um local determinado anteriormente e retomar a busca.

Se encontrar uma múmia, e no percurso o grupo for surpreendido pela "Mumix", deverá entregar a ela o que foi encontrado, devendo realizar uma tarefa. A "Mumix" só entregará a múmia novamente se ficar satisfeita com a tarefa cumprida pelo grupo. O jogo termina com todas as múmias resgatadas, ou por tempo determinado. Vence o grupo que recolher o maior número de múmias.

Material:

• Ataduras;

• Bonecos (vários tamanhos);

- Figurino para monitores;
- Mapas, caixas de papelão, canetas e lápis.

9 Caos

Objetivos: Trabalhar em equipe e cumprir tarefas.

Interdisciplinaridade: Varia de acordo com as tarefas solicitadas.

O dia a dia das pessoas é cada vez mais atribulado, e, quando as coisas não vão nada bem, podemos entrar em desespero. Confusão e desordem podem traduzir o caos que pode nos assolar, mas essa atividade nos remete a outro tipo de confusão. Portanto, podemos ir com mais calma.

Desenvolvimento:

O espaço a ser utilizado pode ser a quadra poliesportiva e os participantes são divididos em grupos, tendo um monitor para auxiliar. A quadra é preparada com papéis numerados de "1 a 50", contendo frases e/ou palavras-chave espalhadas por todo o espaço disponível. Cada grupo terá um representante, recebe um dado gigante e um mapa com a sequência numérica de "1 a 35". A sequência pode ser maior de acordo com os objetivos e número de participantes.

Um dos monitores explica a dinâmica do jogo. Os monitores que auxiliam os grupos têm em mãos um rol com as tarefas a serem realizadas. A tarefa é jogar o dado gigante e procurar o número pela quadra. Por exemplo:

• Se o grupo jogou o dado e tirou o número "4", deve procurá-lo, e, ao encontrar, voltar ao monitor para dizer o que está escrito. Ele indica a tarefa a ser feita pelo grupo, que, cumprindo, joga o dado novamente, e assim sucessivamente. Todos procuram os números ao mesmo tempo.

O representante do grupo fica sobre o mapa, indicando qual o número eles estão. Se no jogo temos cinco grupos, teremos cinco mapas e cinco dados gigantes sendo jogados ao mesmo tempo, provocando um verdadeiro caos na quadra. Vence o grupo que primeiro atingir o número 50 e realizar a tarefa lá indicada. Se o grupo estiver no número "47", por exemplo, deve tirar um "3" no dado. Se a soma ultrapassar o número "50", deve voltar quantas casas forem necessárias após a soma e realizar a tarefa indicada. Se já foi realizada, retorne mais uma e assim por diante.

Material:

• Dados gigantes de EVA;

• EVA para os mapas;

• Lista/rol com tarefas e papéis numerados de "1 a 50".

10 DESAFIOS

Objetivos: Resolução de enigmas.

Interdisciplinaridade: Língua Portuguesa, Matemática, História.

O que nos motiva a aceitar desafios? Vencê-los, é claro! O ser humano gosta de ser desafiado, seja para vencer limites, ou pelo simples prazer de conseguir. Somos desafiados constantemente. Nesse grande jogo desafiamos você a participar.

Desenvolvimento:

Um dos monitores representará o *Senhor Desafio* que apresentará a atividade. Quem terá a coragem de desafiá-lo?

Os participantes são divididos em pequenos grupos de cinco a oito integrantes e desafiados a enfrentar as atividades propostas. O espaço será preparado com atividades desafiadoras, e em cada uma delas temos um monitor, aguardando ansiosamente nossos participantes. Cada um dos grupos inicia o jogo a partir de um desafio diferente.

Enigmas matemáticos: papéis com operações (multiplicação, divisão, adição e subtração) estarão colocados na sala matemática, onde os grupos devem resolvê-las. O resultado correto das operações deve ser entregue ao monitor que entrega a dica para o próximo desafio.

Decifrando textos: na sala de leitura, os grupos são desafiados a decifrar textos que estão na forma de enigmas. Podem estar de trás para frente, ou de forma que sua leitura somente seja possível se colocar o papel contra a luz. Assim que o grupo conseguir decifrar o texto, terá a dica para o próximo desafio.

Caricatura de famosos: uma série de caricaturas de celebridades e famosos é entregue ao grupo que deverá descobrir de quem são essas caricaturas. Cada acerto dá direito a uma letra que indicará o desafio seguinte.

Palavras cruzadas: na sala das letras, o grupo deve preencher uma palavra cruzada. Terminando, recebem a senha para seu próximo destino.

Caça-palavras gigante: ainda na sala das letras, o grupo agora é desafiado a resolver um caça-palavras gigante.

Temas de filmes: o grupo chega à sala de cinema, onde o monitor terá em mãos temas de filmes ou séries que serão tocadas num aparelho de som. O desafio é descobrir a quem pertence a música. Finalizando, retiram com o monitor a senha para o próximo desafio.

Tangram[2]: já no espaço das figuras, os grupos são desafiados a trabalhar com o tangram. As peças serão feitas de manta imantada adesivada para que possam ser montadas e colocadas numa peça metálica na parede. Cabe ao grupo montar a figura que o monitor solicitar. Desafio cumprido, ele entrega a dica para o próximo desafio.

Após vencer todos os desafios, os grupos chegam ao **Desafio Final**. Retornando ao local de início do jogo, o monitor que representa o *Senhor Desafio* conta uma história que termina com uma pergunta. O grupo que responder corretamente, vence.

A seguir a história. Leia atentamente e pense. Resista à tentação de olhar a resposta no rodapé da página. Se não for possível, tudo bem...

---

2. Quebra-cabeça chinês formado por sete peças.

Um empresário estava em sua empresa na capital paulista, e tinha uma viagem marcada para o dia seguinte ao Rio de Janeiro. Já era noite e ele decidiu dormir no trabalho. Solicitou então que o guarda-noturno o acordasse às 6h da manhã. De pronto o funcionário fez sinal de positivo.

Na manhã seguinte o guarda acordou o patrão, mas fez uma observação:

– Patrão, se me permite dizer, não faça a viagem. Tive um sonho ruim, por isso peço que fique.

O empresário agradeceu a atenção, mas disse que a viagem era muito importante e que não poderia adiar. Pegou o avião e chegando ao Rio de Janeiro ligou para a empresa em São Paulo solicitando que demitissem o empregado. **Por quê?**[3]

Material:

• Folhas com caricaturas.

• Canetas, lápis.

• Aparelho de som.

• CDs variados.

• Folhas com palavras cruzadas ou caça palavras.

• Figurino para os monitores.

• Folhas de manta imantada (elaboração do tangram).

---

3. Porque o guarda dormiu em serviço.

11 Vamos às compras

Objetivos: Trabalhar com operações matemáticas

Interdisciplinaridade: Matemática.

Nesse grande jogo todos são convidados a comprar no mercado da Dona *Amável Alma do Amor*. Uma monitora fará o papel dessa simpática proprietária explicando a atividade.

Desenvolvimento:

Todos são divididos em trios e recebem dos monitores uma caderneta para fazer as compras. Nela está a lista de produtos que devem ser comprados pelos participantes do jogo. Podem ser utilizados lápis ou canetas, além da calculadora para facilitar a vida de nossos compradores.

Na quadra ou outro espaço adequado são espalhadas folhas com os produtos e seus valores unitários. Com a caderneta em mãos, os trios devem se deslocar (sempre juntos), procurando os produtos com seus respectivos valores. Encontrando um produto, deve anotar o valor unitário e fazer a soma que se fizer necessária em sua caderneta. O jogo é feito em rodadas, já que a caderneta que os participantes recebem tem mais de uma lista. Cada rodada é representada por uma delas.

• A seguir damos um exemplo de lista de compras. Os preços são colocados de acordo com os objetivos de quem organizar a atividade.

• As mercadorias a serem colocadas na lista podem ser alteradas de acordo com os objetivos da atividade e da turma que está jogando. A criatividade aqui é muito bem-vinda.

Frutas	Carnes/frios	Limpeza e casa	Não perecíveis
Amora	Bife	Detergente	Arroz
Banana	Linguiça	Sabonete	Feijão
Maçã	Salsicha	Sabão em pó	Macarrão
Morango	Presunto	Desinfetante	Açúcar
Pera	Peito de peru	Pasta de dente	Sal
Uva	Frango	Água sanitária	Farinha de trigo
Manga	Pernil	Condicionador	Ervilha em lata

Toda vez que um trio trouxer sua caderneta corretamente preenchida, temos um vencedor. O organizador deve dar um sinal para que a próxima rodada tenha início.

Abaixo um modelo da lista de produtos que os trios devem "comprar":

Quantidade	Produto	Preço unitário	Total
2kg	Amora	2,50	
3kg	Peito de peru	7,80	
4	Água sanitária	2,20	
1	Ervilha em lata	0,90	
3	Condicionador	4,78	
5kg	Feijão	3,54	
2kg	Pera	3,12	
		Total da compra	

Os produtos têm seu preço colocado aqui como exemplo, podendo ser alterados de acordo com a turma e/ou objetivos a serem alcançados pelos organizadores da atividade.

Materiais:

• Lista com produtos e preços.

• Calculadoras, lápis e caneta.

• Aparelho de som.

• CDs variados.

• Figurino para os monitores.

12 O LOUCO DAS CORES

Objetivos: Organizar cores.

Interdisciplinaridade: Artes.

Essa é uma atividade simples, porém muito gostosa de realizar. As cores têm vários significados e estão em nossas fantasias como num arco-íris. O amor, a pureza, a energia, entre outras coisas, são representadas também pelas cores. Muitos gostam da expressão "vamos colorir o mundo", e pensando nisso podemos deixar nossas vidas mais coloridas.

Desenvolvimento:

Um dos monitores que representa um estudioso das cores explica como será o jogo. Ele faz um breve histórico das cores que pode passar pelo significado de cada uma delas, ou sobre a sua divisão: primária, secundária e terciária. Os participantes em pequenos grupos (cinco a oito integrantes) recebem um mapa com a localização das cores (sem identificar qual) e uma segunda folha com aquelas que devem procurar. Elas diferem de grupo para grupo e estão representadas por etiquetas adesivas que devem ser retiradas do local e colocadas na folha do grupo. O objetivo é buscar o mais rápido possível todas as cores que estão na lista.

O monitor alerta para um perigo apenas:

No espaço delimitado estão escondidos os loucos das cores. Vieram do arco-íris e acreditam serem deles as cores. Sendo assim, tentarão atrapalhar a jornada dos grupos. Enquanto todos tentam encontrar as cores, os loucos podem aparecer a qualquer momento. Se um dos integrantes for pego, elas devem ser entregues, obrigando os integrantes a refazer a busca.

Vencerá o grupo que conseguir encontrar todas as cores e levá-las ao local onde o jogo iniciou.

Material:

• Etiquetas adesivas;

• Pincéis e tinta guache;

• Canetas coloridas;

• Mapas com o roteiro do local;

• Figurino para os monitores;

• Aparelho de som e CDs variados.

13 TANGRAM

Objetivos: Organizar e sequenciar.

Interdisciplinaridade: Matemática.

Tangram é um quebra-cabeça formado por sete peças, feitas a partir de um quadrado do qual podemos formar uma série de figuras, estimulando a criatividade de quem brinca com ele. Várias são as histórias que se contam a respeito de sua origem, mas nesse jogo vamos nos ater apenas e tão somente ao que ele exige: concentração, criatividade e astúcia.

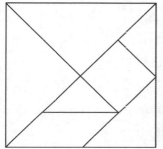 

O simpático Professor Tan Chi Gram (monitor caracterizado) conta a história desse interessante quebra-cabeça, e desafia os participantes a encontrar e montar figuras relacionadas ao Tangram.

Desenvolvimento:

Os participantes são divididos em pequenos grupos e os espaços a serem utilizados serão as salas de aula, pátio e quadra. Espalhados nestes locais, ficam peças de tangram misturadas, feitas a partir de EVA, cartolinas ou manta magnética (em cada local temos um monitor). O objetivo dos grupos é encontrar essas peças e montar imagens que estarão representadas junto a elas. Muitas são as possibilidades de criação.

Esses pequenos grupos (trios ou quartetos) se deslocam por todo o espaço destinado ao jogo para encontrar as imagens. Encontrando-as, têm um tempo para completar a tarefa. Se conseguirem recebem uma senha; porém, em caso de insucesso devem procurar outro local que tenha uma imagem para tentar novamente. Vale ressaltar que somente um grupo por vez tentará montar o quebra-cabeça. A atividade tem tempo determinado para encerrar, e ao seu término, vence o grupo que mais imagens conseguir montar.

Material:

- Cartolina;
- EVA;
- Manta magnética;
- Figurino para os monitores;
- Aparelho de som com CDs variados.

14 No folclore

Objetivos: Trabalhar em equipe.

Interdisciplinaridade: História, Língua Portuguesa.

O Brasil é rico em lendas, e esse grande jogo resgata a magia do folclore brasileiro. Um dos monitores devidamente caracterizado como um historiador convoca a todos para participar dessa busca incrível. Ele conta a história de várias lendas do folclore brasileiro aos participantes. Mencionamos o Saci-Pererê, o Curupira, o Lobisomem, o Boitatá, a Mula sem cabeça, o Negrinho do Pastoreio e a Caipora. O problema é que a cada dia que passa as pessoas vão se esquecendo dessas lendas, e o objetivo principal aqui é fazer com que elas jamais sejam esquecidas. Os monitores utilizam fantasias para se caracterizarem de lendas e ficam escondidos em locais predeterminados.

Desenvolvimento:

Os participantes são divididos em grupos e recebem um breve histórico de cada uma das lendas. Para saírem à procura delas devem ficar sempre juntos. Ao encontrarem uma lenda serão convidados a jogar. A lenda (representada por um monitor ou aluno da turma previamente escolhido) pode pedir que o grupo cumpra uma tarefa para entregar um objeto ou senha que, junto com as outras, devem ser entregues posteriormente ao monitor que iniciou o jogo. O grupo que conseguir encontrar as senhas/objetos de todas as lendas primeiro, vence o desafio.

Se o número de monitores não for suficiente para representar as lendas, os grupos podem procurar pistas que os levarão a uma imagem ou peça que represente o Curupira, por exemplo.

Esse jogo pode ser realizado durante o dia ou ser um jogo noturno. Cada lenda pode possuir um objeto que o simbolize, ou uma senha colorida para ser entregue ao grupo após realizar sua tarefa.

Material:

• Figurinos para os monitores;

• Aparelho de som com CDs de músicas folclóricas;

• Cartolinas;

• Pincéis, canetas e lápis.

15 No folclore II

Objetivos: Trabalhar em equipe.

Interdisciplinaridade: História, Língua Portuguesa.

Este jogo é uma variação do anterior.

Um dos monitores caracterizado conta uma história, onde é revelado aos grupos participantes que as lendas estão cansadas de verem as matas destruídas e vão arrumar uma tremenda confusão. A missão dos grupos é encontrar as lendas e acalmá-las, entregando um objeto que as representa.

Desenvolvimento:

Para isso devem, novamente em grupos, percorrer o espaço para procurar as lendas brasileiras. Ao encontrarem alguma, devem entregar um objeto (mas não antes de cumprir uma tarefa a ser definida pela lenda). Cada lenda tem seu objeto específico e, ao recebê-lo, o grupo recebe um carimbo ou senha de que cumpriu sua missão. O grupo ou grupos que conseguirem encontrar todas as lendas e entregar seus objetos deve retornar ao ponto de encontro predeterminado, sendo considerado vencedor(es).

Material:

• Figurinos para os monitores.

• Objetos para as lendas (cachimbo, brinquedos etc.).

• Aparelho de som e CDs variados.

• Carimbos, cartolinas.

• Canetas, pincéis e lápis

16 No país das cordas

Objetivos: Trabalhar a coordenação de movimentos, equilíbrio.

Interdisciplinaridade: História.

Atividades com cordas são apreciadas por crianças, adolescentes e até mesmo adultos. Por que não incentivar todos os alunos a participarem de um grande circuito com atividades envolvendo cordas variadas? As cordas remetem a brincadeiras que realizávamos quando pequenos.

Desenvolvimento:

Em espaço já determinado anteriormente (pode ser a quadra de esportes), cordas de diversos tamanhos e espessuras estão à disposição dos participantes. As atividades:

1 Pular corda (individualmente ou em grupos).

2 Pular elástico.

3 Subir e descer emaranhados de cordas.

4 Saltar cordas em obstáculos.

5 Passar por baixo de cordas.

6 Passar dentro de um cubo gigante feito com cordas elásticas.

Damos aqui apenas algumas sugestões. A nossa imaginação é fértil e as possibilidades de atividades são imensas que variam de acordo com os objetivos a serem alcançados com os participantes.

Material:

• Cordas de tamanhos variados: sisal, elástica.

17 ÍNDIOS

Objetivos: Trabalhar em equipe.

Interdisciplinaridade: Geografia, História.

Essa atividade é realizada em forma de caça ao tesouro. Um monitor ou professor pode se caracterizar para iniciar os trabalhos com os alunos. Uma história é contada sobre as principais tribos indígenas brasileiras e é explicado que os participantes devem encontrar peças escondidas dessas tribos.

Desenvolvimento:

Divididos em grupos, os participantes da atividade devem encontrar peças características das principais tribos indígenas brasileiras. Eles recebem um mapa que deve ser seguido para encontrar os objetos, sendo que nele estão informações importantes sobre a tribo. Importante lembrar que cada grupo possui um mapa com uma sequência a ser seguida. Se encontrarem objeto de uma tribo que não seja a próxima, devem deixar o objeto e continuar seu mapa.

Uma pessoa/monitor deve acompanhar cada grupo.

Como não é simples encontrar objetos relativos às tribos, podemos imprimir folhas com as imagens que devem ser encontradas pelos alunos. A lista de tribos:

• Guarani,

• Pataxó,

• Xavante,

• Ianomâmi,

• Potiguara,

• Macuxi,

• Ticuna.

Monitores caracterizados de índios podem auxiliar na busca pelos objetos, motivando ainda mais os participantes. Assim que encontrarem todos os objetos devem levá-los a um local predeterminado. O grupo que encontrar todos os objetos primeiro vence o jogo.

Material:

• Figurino para monitores;

• Folhas impressas com objetos indígenas;

• Folhas de cartolina;

• Canetas e lápis;

• Aparelho de som com CDs.

18 HALLOWEEN

Objetivos: Trabalhar em equipe e resolução de tarefas.

Interdisciplinaridade: História, Língua Inglesa.

Nesta atividade podemos nos valer de outras culturas para agregar valor a nossos alunos. Sempre com um personagem caracterizado, podemos contar uma pequena história sobre o Halloween, além de convidar todos a participar e encontrar símbolos relacionados a esse evento.

Desenvolvimento:

Todos são convidados a procurar os símbolos do Halloween:

- Bruxa   Witch
- Vassoura   Broom
- Morcegos   Bats
- Gato preto   Black cat
- Maçã   Apple
- Abóbora   Squash

Os grupos devem encontrar senhas que os levam aos símbolos do Halloween, porém as pistas devem ser escritas em inglês para dificultar a busca. Os alunos até podem se valer de um dicionário se for o caso, mas seria interessante tentarem interpretar os escritos para encontrarem os objetos e levar para local previamente escolhido.

Para que o jogo fique mais motivante, teremos uma ou mais bruxas que escondidas tentam roubar os símbolos encontrados pelos grupos. Se conseguirem, o grupo deve voltar para buscar novamente o símbolo perdido. O grupo que conseguir encontrar todos os símbolos, vence a atividade.

Material:

- Figurinos;
- Abóboras;
- Mapas;
- Brinquedos que representam o Halloween.

19 Cubo mágico

Objetivos: Resolução de tarefas, enigmas.

Interdisciplinaridade: Matemática.

Neste jogo os participantes estão à procura dos cubos escondidos em locais predeterminados pelos monitores. Caracterizados, os monitores "guardam" dois dos cubos que devem ser encontrados. Eles são especiais e computam mais pontos para aqueles que os encontrarem.

Desenvolvimento:

Os participantes são divididos em grupos e dentro deles separam-se duplas que representam suas equipes (cada grupo tem uma cor). As duplas devem percorrer o local com as mãos dadas ou com um elástico unindo seus pulsos. É explicado a todos que deverão encontrar cubos coloridos espalhados pelo local e que devem fazê-lo o mais rápido possível. É explicado também que tem um número determinado de cubos para encontrar (10, por exemplo). Durante o tempo que estiverem procurando os cubos devem encontrar os monitores que guardam **dois** cubos mágicos. Para conseguirem esses cubos, devem realizar tarefas que darão direito a escolher um dos cubos que ali estão.

As tarefas:

1) Em um dado (que é um cubo), que utiliza números de 1 a 6, a soma dos números nas faces opostas é sete. A figura "**a**" representa uma de suas possíveis planificações.

A figura "**b**" é o modelo a ser usado. Insira os números antes e monte o dado de tal modo que a soma das faces opostas seja sempre sete. Abaixo o modelo a ser utilizado.

a) b)

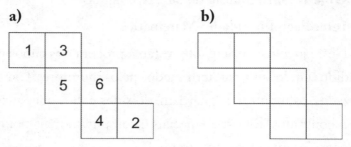

É dado um tempo para que escolham, insiram os números e montem o dado. Se o fizerem da maneira correta, ganham o cubo mágico. Se não o fizerem, devem entregar um dos cubos que encontraram anteriormente e tentar novamente.

2) Identifique, entre as alternativas abaixo, uma das possibilidades para montar o dado. Observe o modelo de cubo abaixo. Ele tem 11 planificações diferentes por meio de molduras para se montá-lo.

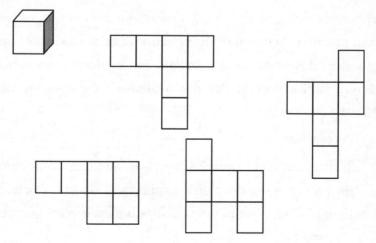

Se escolherem o cubo correto, ganham o cubo mágico, porém se o escolhido não for o correto devem entregar um dos cubos que encontram anteriormente e tentar novamente. Vence a dupla que conseguir encontrar os cubos referentes à sua cor e os dois cubos mágicos.

Material:

• Cubos em EVA – cores diversas.

• Folhas de EVA para montagem de cubos – cores diversas.

• Figurinos.

20 Você é bom de memória?

Objetivos: Trabalhar memorização e resolução de tarefas.

Interdisciplinaridade: Matemática, Língua Portuguesa, Geografia.

Nesse jogo os participantes terão que completar um circuito, onde as atividades desenvolvidas envolvem raciocínio matemático e problemas de lógica, entre outros.

Desenvolvimento:

Antes de qualquer coisa é explicado a todos que as atividades devem ser cumpridas em um determinado tempo e com posterior pontuação. Os participantes são divididos em quatro grupos. Cada grupo tem um monitor que os acompanhará durante toda a atividade. No espaço delimitado temos monitores caracterizados que devem ser encontrados para a realização das tarefas. Ei-las:

1) Observa a imagem abaixo por 30 segundos:

A   Z   N
L   P   M
E   K   O

Agora cubra a imagem e tente descobrir qual das alternativas abaixo corresponde à imagem vista acima:

a) Q A M   b) A Z N   c) A Z Q
   L K N   L P M   M J L
   E K O   E K O   P E K

2) Observa a imagem abaixo por 30 segundos:

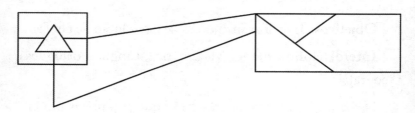

Agora cubra a imagem e tente desenhá-la novamente em uma folha de papel.

3) Você tem 30 segundos para relacionar o estado com a capital a partir da relação abaixo:

São Paulo   Natal
Paraná   Rio Branco
Rio Grande do Norte   Manaus

Rio Grande do Sul	Teresina
Rio de Janeiro	Recife
Bahia	São Paulo
Acre	Curitiba
Maranhão	Porto Alegre
Amazonas	Rio de Janeiro
Piauí	Salvador
Pernambuco	São Luís

4) Responda rapidamente e em voz alta as perguntas abaixo:

• Que dia é hoje?

• Como está o tempo hoje?

• Qual o seu nome?

• Quem descobriu o Brasil?

• Para qual time você torce?

• **Qual a segunda pergunta que fiz?**

A pontuação dos grupos se dá à medida que conseguem realizar as tarefas. Essa pontuação pode ser definida antes pelos monitores. Ressaltamos que o não cumprimento de alguma tarefa implicará a perda de pontos, ou na realização de outra atividade solicitada pelo monitor responsável. A pontuação pode variar de acordo com os objetivos.

Material:

- Cartazes;
- Cartolinas;
- Canetas.

Considerações finais

Passamos um longo período na escola, e a aprendizagem se faz presente a todo o momento. Podemos considerar o jogo um recurso pedagógico poderoso no processo de ensino-aprendizagem de nossos alunos, mas, para que esse recurso seja prazeroso, ele deve ser preparado de forma que estimule o participante a querer mais. Quanto mais interessado o aluno estiver pela atividade desenvolvida, melhor.

Nós, profissionais de ensino, comprometidos com a qualidade da educação para nossos alunos e com nossa prática pedagógica, devemos reconhecer a importância da brincadeira e do jogo no desenvolvimento global das crianças. O jogo não deve ser encarado como algo para simplesmente distrair os alunos, ele atinge objetivos diversos como o desenvolvimento motor, estimular a criatividade e a cooperação dos participantes.

Nesse sentido os jogos, o lúdico e as brincadeiras devem ser parceiros do professor, que deve valorizar os aspectos positivos que atividades lúdicas podem trazer aos alunos que participam delas. A escola é um local privilegiado para o desenvolvimento global da criança e do adolescente enquanto estiverem por lá. Por conta disso, o aluno se realiza quando atinge seus objetivos e o professor é peça fundamental para que isso ocorra.

Como menciona Maluf (2003), o professor deve organizar as atividades e selecionar aquelas que são mais significativas para os alunos. No contexto escolar, propor as brincadeiras e jogos como conteúdos de aprendizagem podem se constituir em algo que auxiliará nessa formação global da criança/aluno durante o período que estiver na escola. A mesma autora ainda acredita que adotar jogos e brincadeiras como metodologia curricular possibilita à criança base para subjetividade e compreensão da realidade concreta.

Não é difícil organizar um planejamento com atividades diversificadas, onde os jogos estejam presentes. Havendo um entendimento por parte dos profissionais que atuam no Ensino Básico da sua importância no processo de ensino, poderão ser oferecidos estímulos adequados, respeitando as características das faixas etárias das crianças, favorecendo seu desenvolvimento de maneira adequada.

Na medida em que os dias passam, percebemos que a escola acaba sendo um dos poucos lugares onde os alunos podem se valer de um espaço adequado para seu aprendizado. Essa ação educacional se faz necessária e as experiências pelas quais passarem serão importantes. O sucesso de um trabalho na escola deve passar por uma busca de conhecimento por todos os envolvidos e um aprendizado que seja prazeroso, onde a busca pelo aprender seja cada vez maior.

Referências

ALMEIDA, P.N. *Educação lúdica* – Técnicas e jogos pedagógicos. São Paulo: Loyola, 2000.

ARDIGÓ JÚNIOR, A.; D`ANGELO, F.L.; COSTA, C.M. & ROSSETTO JÚNIOR, A.J. *Jogos educativos*: estrutura e organização da prática. São Paulo: Phorte, 2008.

BARBANTI, V.J. *Dicionário de Educação Física e Esporte*. São Paulo: Manole, 2003.

BRASIL/Ministério da Educação/Secretaria de Educação Média e Tecnológica. *Parâmetros Curriculares Nacionais* – Ensino Médio. Brasília: MEC, 1999.

BRASIL/Secretaria de Educação Fundamental. *Parâmetros Curriculares Nacionais* – Educação Física. Brasília: SEF/MEC, 1998.

CAILLOIS, R. *Os jogos e os homens* – A máscara e a vertigem. Lisboa: Cotovia, 1990.

CAMARGO, L.O.L. *Educação para o lazer*. São Paulo: Moderna, 2001.

CAVALLARI, V.R. & ZACHARIAS, V. *Trabalhando com recreação*. São Paulo: Ícone, 2003.

COLETIVO DE AUTORES. *Metodologia do ensino de Educação Física*. São Paulo: Cortez, 1992.

CREPALDI, R. *Jogos, brinquedos e brincadeiras*. Curitiba: Iesde Brasil, 2010.

FAZENDA, I. (org.). *O que é interdisciplinaridade?* São Paulo: Cortez, 2008.

_____. *Didática e interdisciplinaridade*. Campinas: Papirus, 1998.

FREIRE, J.B. *O Jogo*: entre o riso e o choro. Campinas: Autores Associados, 2005.

_____. *Educação de corpo inteiro* – Teoria e prática da Educação Física. São Paulo: Scipione, 1994.

HUIZINGA, J. *Homo ludens*. São Paulo: Perspectiva, 1996.

KISHIMOTO, T.M. "O jogo e a Educação Infantil". *Revista Perspectiva*, n. 22, 1994, p. 105-128. Florianópolis: UFSC/CED, NUP.

_____. *Jogos infantis* – O jogo, a criança e a educação. Petrópolis: Vozes, 1993.

LARIZZATTI, M.F. *Lazer e recreação para o turismo*. Rio de Janeiro: Sprint, 2005.

LOPES, M.G. *Jogos na educação* – Criar, fazer e jogar. São Paulo: Cortez, 2001.

MACEDO, L.; PETTY, A.L.S. & PASSOS, N.C. *Os jogos e o lúdico na aprendizagem escolar*. Porto Alegre: Artmed, 2005.

MALUF, A.C.M. *Brincar*: prazer e aprendizado. Petrópolis: Vozes, 2003.

MARINHO, H.R.B.; MATOS JUNIOR, M.A.; SALLES FILHO, N.A. & FINCK, S.C.M. *Pedagogia do movimento* – Universo lúdico e psicomotricidade. Curitiba: Ibpex, 2007.

MELLO, A.M. *Psicomotricidade*: educação física, jogos infantis. São Paulo: Ibrasa, 1989.

PICCOLO, V.L.N. & MOREIRA, W.W. *Corpo em movimento na Educação Infantil.* São Paulo: Cortez, 2012.

RALLO, R.M.P. & QUEVEDO, Z.R. *A magia dos jogos na alfabetização.* Porto Alegre: Kuarup, 1994.

SANTOS, C.A. *Jogos e atividades lúdicas.* Rio de Janeiro: Sprint, 1998.

Anexos

As folhas a seguir servirão para você orientar algumas das atividades propostas neste livro com mais facilidade. Sugerimos que sejam tiradas cópias para a realização das mesmas.

Boa diversão e sucesso!

1. Pirâmides e faraós

(insira os nomes no retângulo dentro do triângulo)

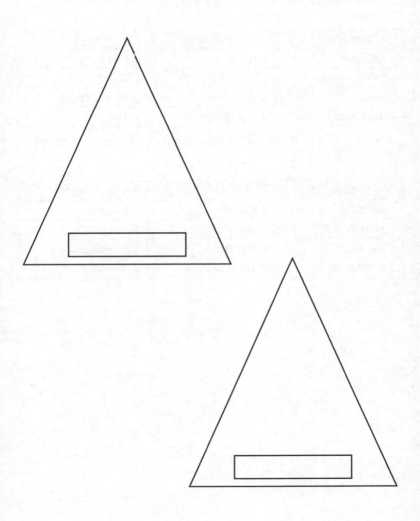

2. ROTEIROS DO BRASIL

(os estados podem ser alterados de acordo com o grupo)

Rodada "A"	Rodada "B"	Rodada "C"
1 Salvador	1 Natal	1 Fortaleza
2 Florianópolis	2 Salvador	2 Natal
3 Natal	3 Fortaleza	3 Florianópolis
4 Fortaleza	4 Florianópolis	4 Salvador

Rodada "A"	Rodada "B"	Rodada "C"
1 Salvador	1 Natal	1 Fortaleza
2 Florianópolis	2 Salvador	2 Natal
3 Natal	3 Fortaleza	3 Florianópolis
4 Fortaleza	4 Florianópolis	4 Salvador

3. CAOS

(poderão ser acrescentados números e nomes)

1) **Bola**: Faça uma bola de papel com as mãos.

2) **Pirâmide**: Dê o nome de um faraó.

3) **Selva**: Imitem o Tarzan.

4) **Blue**: Digam 3 nomes de cores em inglês.

5) **Clube**: Que clube de futebol tem a macaca como mascote?

6) **Gato**: Imitem um gatinho apaixonado.

7) **Nomes famosos**: Digam o nome de três famosos.

8) **Quadro**: Quem pintou a Mona Lisa?

9) **Lápis**: Quantas cores tem o arco-íris?

10) **Esporte radical**: Imitem dois esportes radicais.

11) **Amor**: Citem um poema.

12) **Charada**: Um trem elétrico vai para o Sul. Para que lado vai a fumaça?

13) **Seca**: Imitem a dança da chuva.

14) **Bola**: Simulem um jogo de voleibol.

15) **Moda**: Desfilem seus modelos novos.

16) **Dentão**: Todos devem dar um sorriso bem grande.

17) **Floresta**: Imitem uma coruja.

18) **Numerologia**: Contem de um a cinco em inglês.

19) **Canto**: Cantem uma marchinha de carnaval.

20) **Familiares**: Pai de Lucia tem cinco filhas: Mala, Mela, Mila, Mola e...

21) **Ditado**: Quem com ferro fere...

22) **Cores**: Que cores são: orange, blue e red?

23) **Colchão**: Todo mundo se espreguiçando.

24) **Amar é**: Façam uma declaração de amor ao espelho.

25) **Charada**: Na casa branca, rei amarelo nada em águas claras. Quem sou?

26) **Esporte**: Qual o outro nome que damos ao tênis de mesa?

27) **Herói**: Imitem um super-herói.

28) **Trampolim**: Imitem um canguru.

29) **Eu voltei**: Voltem cinco casas.

30) **Novidade**: Cochiche uma fofoca para o colega ao lado.

31) **Amar é**: Repita bem alto: Eu me amo (três vezes).

32) **Quase lá**: Gritem: Mas não é possível!

33) **Stop**: Fiquem 20 segundos sem jogar.

34) **Oba oba**: Vocês podem escolher um número de 1 a 6 sem jogar o dado.

35) **Muito bem**: Avancem 6 casas.

36) **Computador**: Digam o nome de três empresas de informática.

37) **Ovo**: Todos pisando em ovos.

38) **Camisa**: Quais as cores da camisa da Portuguesa?

39) **Apressado**: Aguardem 30 segundos sem jogar.

40) **Ganância**: Que pena. Voltem 12 casas.

41) **Encantada**: Digam o nome de três princesas.

42) **Triste**: Todos chorando por 20 segundos.

43) **Risos**: Todos rindo por 20 segundos.

44) **Criança**: Imitem a brincadeira da amarelinha.

45) **Caos: Cantem e vibrem... é campeão!**

4. VAMOS ÀS COMPRAS

Frutas	Carnes/frios	Limpeza e casa	Não perecíveis
Amora	Bife	Detergente	Arroz
Banana	Linguiça	Sabonete	Feijão
Maçã	Salsicha	Sabão em pó	Macarrão
Morango	Presunto	Desinfetante	Açúcar
Pera	Peito de peru	Pasta de dente	Sal
Uva	Frango	Água sanitária	Farinha de trigo
Manga	Pernil	Condicionador	Ervilha em lata

Quantidade	Produto	Preço unitário	Total
2kg	Amora	2,50	
3kg	Peito de peru	7,80	
4	Água sanitária	2,20	
1	Ervilha em lata	0,90	
3	Condicionador	4,78	
5kg	Feijão	3,54	
2kg	Pera	3,12	
		Total da compra	

5. Tangram

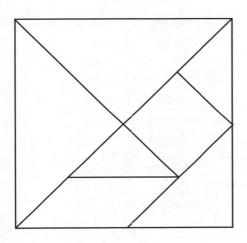

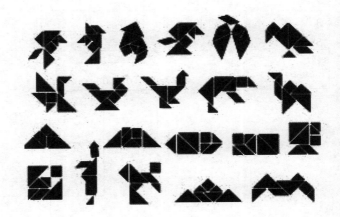

6. Cubo mágico I

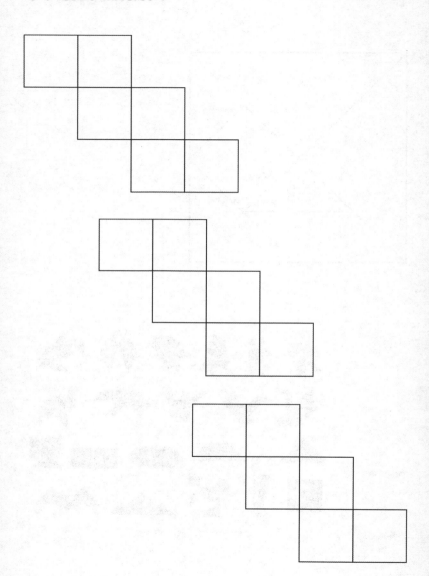

7. Cubo mágico II

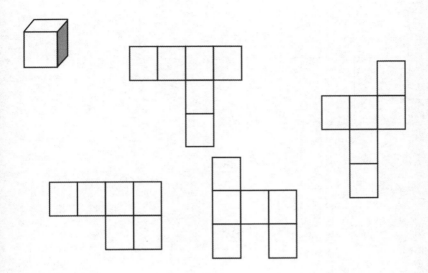